教師のやりがいとは何か

キーワードで見える教育の理想と現実

手島 純＝編著
天野一哉
井上恭宏
金澤信之
原 えりか

小鳥遊書房

はじめに

手島　純

最近の教師や学校の語られ方は、マイナスイメージしかない。「ブラック職場」、「定額働かせ放題」、「教員不足」、「教員志願者激減」など、枚挙にいとまがない。確かにそうした事実はある。とはいえ、そのことがさらにひどい事態にならないようにと世の学者や評論家が指摘した言葉の数々が、最終的に教職への忌避という事態に繋がった。言葉だけが浮遊し拡散し、教員の専門性ややりがいが語られることなく、烙印だけが押される結果になっている。

学校教育の現場が大混乱に陥っているのは認めよう。カオスの状態といってもいいぐらいである。学校では、不登校、いじめ、暴力、高校中退などが生じていて、改善の方策もなかなか見えない。

しかし、教師の労働時間の長さなどが報じられる前は、すべての問題は教育と教師にあるという言説がまかり通っていた。教育行政からは繰り返し教育改革の必要性を求められ、問題が生じると教師の力量が問われた。かつて、不適格教員たたきが横行し、一般の教員もびくびくして仕事をしなければならなかった。教育問題が生じるのはすべて教師の問題であるかのごとく教師バッシングが続いてきた。そしてついに教員の免許も一〇年で切れるような事態になった（ただし、この教員免許更新制は廃止された）。教師たちは嵐が通り抜けるのを耐えながら生き延びてきた。

この事態が一転したのは、二〇一四年ＯＥＣＤ（経済協力開発機構）による国際教員指導環境調査（ＴＡＬＩ

S）結果発表である（調査は二〇一三年）。他国と比べて日本の教員の勤務時間がいかに長いかが判明した。一週間あたりの勤務時間は、参加国の平均が三八・三時間であるのに対して、日本では五三・九時間であった。参加国では最長という結果が出たのである。そのなかでもとくに一般的事務業務は、参加国平均二・九時間に対して日本は五・五時間であった。また、課外活動の指導に使った時間（いわゆる部活動）は、参加国平均二・一時間に対して日本は七・七時間と三倍以上であった。その後の調査でもそう変化はなかった。

こうした外圧によって、ようやく日本の教育行政は教師の勤務の在り方が問題なのだと気づき始めた。教師たたきは一変し、こぞって教師の働き方を話題にするようになった。

しかし、私が学校現場で仕事をしているときから、教育行政やマスコミの言説には違和感があった。そもそも昨今の教育問題は教育で解決できることなのか。むしろ社会問題として扱い解決すべきことも教育現場にその責任がなすりつけられ、何でも教育で解決しろと教育行政もマスコミも責め立ててきたではないかということである。

ついに、教育現場は臨界点に達した。「やってられない」ということである。教員不足が深刻になり、教員採用試験の倍率も低下した。教員の仕事は「ブラック」などといわれ、マスコミやネットを通じてその悪いイメージが拡散するなかで、教師という仕事そのものに背が向けられ始めた。

しかし、こうした状況でいいのだろうか。そもそも教職が忌避され教育の質が低下すれば、今後の日本という国の在り方にも重大な影響を与える。

マイナスイメージだけが先行し喧伝されたが、教師の「やりがい」は語られなくなった。それはいいことではない。

そこで、教職の経験がある者を中心に実践的な視点で「教師のやりがいとは何か」を取りあげ、考えてみようではないかということになった。とくに力点を置くのは、教職の意義を再確認してその魅力を伝え、さらにそれを阻害するものを明らかにするということである。現時点でやりがいだけを語るのは問題である。それを阻害するものが多いからである。しかし、本書ではやりがい論を中心に語っていきたい。教師であることの魅力も伝えたい。それを源泉にして、やりがいを阻むものを俎上に載せて論じたい。

本の構成は以下のとおりである。

第Ⅰ部では執筆者に教育にかかわるいくつかのキーワードを自己の実践を中心としながら論じてもらう。そのなかに「やりがい」も埋め込んでもらう。その後、全執筆者に集合してもらい座談会を開くことにした。座談会では他の執筆者の内容も踏まえながら互いに論じ合い、教育の全体像にかかわる議論を深める。それが第Ⅱ部である。そして、第Ⅲ部では第Ⅰ部・第Ⅱ部を踏まえて各執筆者それぞれに「やりがい」をテーマにして執筆してもらった。

本書は教育にかかわる方や一般の読者に読んでいただきたいが、大学で教職課程を履修している学生のみなさんにも手に取ってほしいと願っている。多くの「教職概論」のようなテキストにはないリアルな語り口が散りばめられている。今こそ、教師のやりがいを論じ、それを阻害するものと闘わなければならない。

目次

第Ⅱ部 【座談会】 教育の何が問題なのか？ 著者たちの実体験より

第Ⅲ部　「やりがい」を高めるために何をすべきか？

＊註は本文中（　）アラビア数字で示し、各章末にまとめてある。

第Ⅰ部

キーワードでたどる教育の現場

第一章◉教師って何？

キーワード：教師／学校現場／教科指導／生徒指導と生徒指導提要

手島　純

はじめに

教師の魅力、やりがいは普遍的にあるものでもないし、定義できるものでもない。それぞれの教師が体験を通して自分なりの魅力、やりがいを見つけていくものである。それゆえ、やりがいを論じる際は、それぞれがかなり個人的な体験を語ることになる。

教師のやりがいに先立って、教師とは何かということを語っていこう。教師であることの意味や意義はさまざまに語られている。教育基本法をはじめとして、文部科学省が示す多くの文書にもある。それを踏まえながら、教師のやりがいを考察する。

学校現場において教師は教科指導と生徒指導が求められている。重要な二本柱だ。それゆえ、そこにやりがいがどう埋め込まれているかも論じたい。以上を統合して、「教師って何？」を考えられたらいいと思う。

1　教師とは

教師という言葉はいわば慣例的に使われているもので、法的には教員という。のちほど触れるが、教育基本法には「教員」と明記されていて、教師という言葉はない。また、職位については「教諭」という言葉が、学校教育法にある。第三七条には「小学校には、校長、教頭、教諭、養護教諭及び事務職員を置かなければならない」とある。この小学校というのは小学校に限らず、中学・高校も同じである。また「先生」というのは、学校教師だけではなく、医者や弁護士、さらには政治家に対してまで使われている言葉で、学校教育に限ったことではない。

そうしたこともあり、本書では「教師」という言葉を中心に、必要に応じて「教員」とする場合があるが、明確に区別しているわけではない。

その教員について教育基本法のなかではどう説明されているのだろうか。

（教員）

第九条　法律に定める学校の教員は、自己の崇高な使命を深く自覚し、絶えず研究と修養に励み、その職責の遂行に努めなければならない。

２　前項の教員については、その使命と職責の重要性にかんがみ、その身分は尊重され、待遇の適正が期せられるとともに、養成と研修の充実が図られなければならない。

この教育基本法をもとに、教員に関する法律、たとえば、教育職員免許法、教育公務員特例法など、さまざまな法律で職責が語られ身分が守られている。

それでも抽象的なので、二〇二一年に「『令和の日本型学校教育』の構築を目指して～全ての子供たちの可能性を引き出す、個別最適な学びと、協働的な学びの実現～（答申）」（以下、二〇二一答申とする）に教師について何が書かれているかを見てみよう。「二〇二〇年代を通じて実現すべき『令和の日本型学校教育』の姿」のなかの「教職員の姿」には以下のことが書かれている。

教師が技術の発達や新たなニーズなど学校教育を取り巻く環境の変化を前向きに受け止め、教職生涯を通じて探究心を持ちつつ自律的かつ継続的に新しい知識・技能を学び続け、子供一人一人の学びを最大限に引き出す教師としての役割を果たしている。その際、子供の主体的な学びを支援する伴走者としての能力も備えている。

ここでのキーワードは「伴走者」である。教師は一方的に教えるだけではなく、学習を支援する伴走者たれということだが、それは学習だけに限らず、生徒指導も含まれている。本答申は、日本の学校教育が学力保障だけではなく、福祉的な役割も担ってきたということの重要性を示していて、それが日本の学校教育の良さだと主張している。

次に教師は学び続けることが大切であると答申はいう。確かに学ばないと教えられないというのは当然である。とくに近年のＩＣＴ（情報通信技術）活用などで、教育方法に大きな変化が生じている。そうしたことを学ばないと教師が置いていかれることになる。そこでの答申の記述を引用しよう。

教師が、時代の変化に対応して求められる資質・能力を身に付けるためには、個々の教師が養成段階に身に付けた知識・技能だけで教職生涯を過ごすのではなく、求められる知識・技能が変わっていくことを意識して、継続的に新しい知識・技能を学び続けていくことが必要である。これにより、子供一人一人の学びを最大限に引き出す質の高い指導が可能となることに加え、教師自身も一層やりがいを感じ、教職生涯がより充実したものとなることも見込まれる。

以上見てきたように、「伴走者としての教師」「学び続ける教師」というのが、教師像の大きな柱になる。そしてそこに教師としてのやりがいも存在する。

繰り返すが、教師のやりがいは定義できるものではない。それぞれの教育活動のなかで、教師自らが見つけ出し認識していくものではないのだろうか。ということで、私は私の教師経験を語ることでやりがいを語っていきたい。

【通信制高校時代】

現在、通信制高校という名前を知らない人はそう多くはないと思うが、私が通信制高校に赴任した一九八〇年ごろはほとんどの人は通信制高校のことを知らなかった。そういう私も何も知らず、通信制高校の勤務を命じられた際、教育委員会のどこかの席で添削をするのだろうと思っていたぐらいだ。しかし、実際の高校名を告げられた。何もわからずに、とにかくその学校へ赴いた記憶がある。

もともと高校教師になろうと思った理由として、部活をやりたかったというのがあった。高校時代にラグビー部に所属していたので、ラグビー部の部長なり、監督なりをやりたかった。通信制高校にはラグビー部はないだろうから、早めに勤め上げ、全日制に移ることを考えていた。

私が赴任した通信制高校は全日制や定時制との併設校であった。それゆえ、平日は通信制高校生が登校することはあまりなかった。全然なかったわけではなく、曜日を決めて面接指導（通信制では授業とはいわずに面接指導という）をしたり、相談に応じたりしていた。教師は平日にレポート添削を中心とした業務をおこなう。月二回程度の日曜日にはスクーリングがあり、生徒が登校し授業（面接指導）がおこなわれる。

私は、その生徒たちに衝撃を受けた。年長の生徒に混ざって、不登校の経験のある生徒がいて、障がいのある生徒もいた。高校を中退してやってくる生徒も増えていった。私が通った高校の風景とはまったく違っていた。生徒たちの背景はさまざまである。まさに多様な生徒がいて、高校卒業という目的に向かって必死になって学習を続けていた。この生徒たちと接していくなかで、通信制高校の世界に引き込まれていった。

当時は年配の生徒が少なからずいた。戦後の混乱期のなかで育った方や高度成長期に集団就職した方が通信制高校の門を叩く。修学旅行に行くのが夢だと語り、不得意な英語を必死になって学習する年配生徒の姿があった。

ある一人の生徒に出会った。私と同じ年なのである。彼は広島の被差別部落で生まれ、小児麻痺を患っていた。さまざまな苦労をしてやっと通信制高校にたどり着いた。私が子どものころは小児麻痺が流行っていて、ワクチンを飲まなければ罹患する可能性が高かった。彼はワクチンを手に入れることができなかった。そうした人に教師と生徒として出会う。出会いの意味を考えずにはいられなかった。

また、小中学校で不登校だった生徒も多くいた。しかし、通信制高校では毎日学校に来るわけではないので、誰が不登校生徒なのかはわからない。全日制高校を中退して通信制高校に来る生徒も増えていった。ある生徒は前の高校で生徒指導上の問題を起こして退学になっていたが、通信制高校ではいたって普通だったのが不思議だった。とにかく多様な生徒が学ぶ学校が通信制高校だった。

高校を卒業するなど当たり前だと思っていた自分の認識の甘さを思い知らされた。そして自分のやることは、こうした生徒たちを支え、少しでも学力がつくようにして、卒業させていくことであると思った。しかし、当時の通信制高校の卒業率はよくなかった。自学自習の名の下で、卒業できないのは本人の責任だといわれていた。それは何とかしなくてはならない。月二回の日曜日のスクーリングだけではサポートができないので、公民館でスクーリングをおこなったり、夜間にスクーリングを設定したり、さまざまな取り組みをおこなうことで生徒を支え、それが教師としてのやりがいに繋がっていった。

また、通信制では、毎日学校へ行って集団での教育を受ける日本の教育の問題点を認識することになった。カウンセリングマインドの必要性も感じた。教師としての自分の在り方の原点になった。早く通信制高校から異動して全日制に行ってラグビー部の顧問になるという当初の思いはどこかに消えてしまい、一五年間も通信制高校で勤務することになった。私は通信制生徒を支えるとしながらも、私自身が多くのことを学び支えられた。今の私の教育観は通信制高校によって形成されたといっていい。

【定時制高校時代】

長く通信制高校にいたかったが、公立高校では異動のルールがあり、定められた期間以上は留まることができない。通信制高校のような充実感を求めて、全日制に行くよりは定時制がいいのではないかと思い、定時制に異動した。しかし、そこでの風景は通信制とはまったく違っていた。

学校を変わる四月には始業式があり、新任の教師は挨拶をするのだが、そう多くもない生徒は私語でうるさかった。人の話を聞かないのだ。それは授業でも同じで、真面目に授業を聞いている生徒は何人いるのだろうかと思うぐらいであった。生徒指導も大変だった。そもそも生徒の多くには教師不信があり、いうことを聞かない。タバコは日常的で生徒が下校した後は、バケツ・懐中電灯・ゴミバサミをもって校内を巡回し、「モク拾い」(タバコを拾うこと)をおこなう。それでも充分に拾えず、翌日に全日制の教師から怒られることもたびたびあった。一杯ひっかけ顔を赤くして授業を受ける生徒がいたり、授業中に校内をバイクを乗り回している生徒もいたりで、それはもう大変だった。

定時制の生徒はもともと勤労青少年が多く真面目に学習に取り組んでいたが、時代が変わり全日制への進学率が高くなると定時制にはそこから弾かれた生徒が増えていった。それゆえ、全日制生徒へのコンプレックスが多く見られた。それが非社会的な行為にも結びついていき、どこか斜に構えていて、素直ではない生徒が多かった。

そうした生徒たちとかかわるのは大変だった。生徒たちの奥の奥にある魂まで届くのはそう簡単ではない。しかし、そうした生徒を少しでも理解することで、溝は埋まっていく。ダメなことはダメとしながらも生徒の存在を認めること。そうした生徒指導の基本を生徒から教えられた。

卒業式の日、生徒とみんなで「夜空ノムコウ」を肩組んで合唱したことが忘れられない。たった一日の幸せ？　しかし、その経験が教師を続ける原動力になる。

そして、定時制の生徒たちの背景に気づくことになる。多くの生徒はかなり厳しい家庭で育っている。授業料も払わない生徒が多いので、事務から頼まれて授業料を取りに家に行く。その家庭の状況はけっしていいものではない。一人親の家庭も多く、家庭の経済的文化的な状況が生徒に影響を及ぼすことがよくわかる。そうしたなかで育った生徒の話をとにかく聞くこと、そのことで生徒が少しでも心の安定を保つことができれば、それは教師のやりがいにも繋がっていく(1)。

【全日制高校時代】

次は全日制高校に異動した。しかし、その学校は教育困難校（課題集中校）といわれていた学校で、これまた大変だった。定時制高校で苦労したのに、また大変な学校に行くのかと校長を糾したが、校長は「いや、向こうの学校が君を待っている」などという。それは嘘っぽかったが、異動に拒否はできない。

担任をもつことになり入学式がおこなわれたが、一人の生徒が来ない。鑑別所に入っているのだ。そこで缶コーヒーをもって面会に行った。「僕が君の担任だ」。そう言って鑑別所を後にした。その後、その生徒が学校に戻ってきた。その地区ではかなり有名な人物だったらしく、廊下では上級生たちも帰りを待ち、はじめての登校日には少なくない生徒たちが列を作り「お帰りなさい」と言う。なんだ、これではヤクザの世界ではないかと思った。この生徒は私が面会に行ったからだろう、私のいうことはよく聞いてくれた。しかし、他の先生たちのいうことを聞いてくれなかったのでとても困った。

それだけではなく、毎日のように生徒指導案件が生じて臨時職員会議が頻繁におこなわれた。確かに大変だったが、教員たちの団結力は強かった。ひとりでは何もできないからだ。大変なことを皆で乗り切る。その手ごたえは確かにあった。この時代の教師たちとは今でも会うことが多い。ともに苦労を乗りこえていった体験を共有しているからだ。

そして、次も全日制高校に異動した。進学する生徒の多い学校で六年間勤務した。生徒は問題がないのに押さえつける生徒指導と進学実績にこだわる教科指導に辟易した。なぜもっと生徒の主体性を認めないのかと思った。生徒たちはけっこう不満が多く、学校が校則で無駄に縛り付けるとこうなるのだなと思った。頭髪・服装指導が厳しく、私は生徒指導担当だったが、「手島さんの学年はだらしないね」などと言われたことを覚えている。それでも頭髪・服装だけで生徒を見る見方は間違っていると思うので、非難に耐えながら生徒たちを支援した。

先日、一二年ぶりにその学年の同窓会があり、卒業生が一〇〇人規模で集まってくれた。とても楽しいひときだったが、そうした経験は教師にしかできない。教師という仕事を選択してよかったなと思う瞬間だった。

2　三五年間学校現場にいて

私にとって「教師のやりがいは何？」という問いに答えていこう。それは何より人と人との関係性にある。私が教師を目指した理由として、私が高校生のときの担任の存在が大きい。普段は怒られてばかりいたので、じつはそう好きな先生ではなかったが、私が家庭の事情で悩んでいるとき、ただ黙って私の話を聞いてくれた。私も話すことで心のもやもやが消えた記憶がある。そのことで私の人生は大きく変化していった。話を聞くということだけで、人の人生を変える。そうした力が教師にはあると思ったからだ。何か偉そうに人の人生を変えていくということではなく、ただ黙って聞くというだけなのだ。教師にはすごい力があると思った。

私は大学時代には奨学金をもらって授業料免除の対象者でもあった。成績がいいからというわけではなく、家庭の経済力がなかったからだ。それゆえ、アルバイトもいろいろした。トラックの運転手、映画館のもぎり(切符切り)、日雇い、ダンスホールのウエイター、ボイラー管理などをやって生活費を稼いだ。そして民間会社で勤務し、公立学校教員、今は私立大学教員である。いろいろ経験したが、やはり人のサポートをして人生にかかわれる教師という仕事は魅力的である。その仕事をやってきてよかったと思っている。

確かに大変なことはある。しかし、仕事というものは何をやっても大変なのだ。そうであるならば、意味のある仕事をしたい。大学時代、日雇いのアルバイトをしている際にある人の家を作る仕事をしていた。けっこうハードな仕事でとても疲れた記憶があるが、それよりも家作りをして矛盾を感じたのは、その家に住むのはそれを作る労働者ではないということだった。見知らぬ誰かのために汗水流して働き、家を買うお金がある者がそこに住む。これは何か変だと当時思った。マルクスの言う「疎外された労働」だと思い『経済学・哲学草稿』を何度も読み返したものだ。どの仕事も意義があると思うが、教師の仕事は人と直接かかわり影響を与え合うゆえに大変でもあり、やりがいもある。しかし、現時点で思うことは、教師の仕事が「疎外された労働」になっていないかということである。(2)

3　教科指導

「教師は授業で始まり、授業で終わる」。教師になったのは授業ができるからだ。生徒と授業を通して触れ合えるからだ。それゆえ、私には管理職になるという選択肢はなかった。基本的に授業をしないからである。学校の運営にかかわりたいという気持ちがある人が管理職になることに反対はしない。しかし、そうした仕事より授業が楽しい。それは今でも続いている。今は大学の教員として研究をしたり本を書いたりしているが、やはり授業をするのが楽しい。

私の高校教員時代は社会科の教師として授業を担当していた。現在、高校の社会科は解体され、地歴科と公民科に分けられているが、現場ではそんなことお構いなしに何でも教えなければならなかった。考えてみれば、高校の社会科関連科目はすべて担当した。大学学部時代は哲学を専門にしていたので、倫理は得意だったが、地理などはまったくできなかった。しかし、初任で行った学校では地理を教えるように言われた。当然断ることもできず、さてこの不得意科目をどう教えようかと悩んだ。地理といっても地誌的な分野もあるし、人文地理、自然地理もある。とりあえず手っ取り早く日本や世界を旅して地誌的な分野の知識を蓄え、旅先で撮った写真などで授業を構成しようと考えた。これにはまって、年に一回は海外に行き、日本も周り、教材にした。だから地理が好きになった。

そもそも哲学などを専門にしている人は地誌などには興味のない人が多い。時間と空間を超えて思考することが求められているのに、地域の産物などどうでもよかった。しかし、実際に旅をして教材を作成するプロセスは楽しい。それは地理だけではない。日本史にしろ、世界史にしろ、教材研究は最大の楽しみになった。たとえば日本史や世界史に関する映画を観たらその話をして、場合によっては映画の上映もした。テレビでのドキュメンタリーは政治・経済の教材になる。絵画展も音楽会も教材だ。こうして私は汎教材主義者になり、すべての体験を教材化することに終始した。

それを授業にしても生徒は聞いてくれたり聞いてくれなかったりする。学校によっても生徒によっても違う。そこでまたいろいろ考えて生徒に興味をもってもらえるように工夫する。いわば教師は料理人だ。与えられた肉魚野菜をどう料理するかは料理人の腕である。同じように教育内容をどう授業にするかは教師の腕である。なかなか上手くいかないことも多いが、それを仕事にできるのはうれしいことではないか。これを教師のやりがいと言わずに何をやりがいと言えよう。

4　生徒指導と生徒指導提要

生徒指導は教科指導と同じように教育活動の中核である。しかし、あまり面倒な生徒指導はしたくないというのが教師の本音であろう。とはいえ、生徒指導を通して生徒の本当の姿が見えてくるということもある。「非行は宝である」という言葉がある。非行をする生徒の現象を通して、その背景に迫ることができるということである。そこまでの境地にならなくても、生徒指導は、生徒の伴走者としての教師の役割として大切である。なお、この生徒指導という言葉はやや上から目線なので、「生徒支援」「生活支援」という言葉を使う人も多い。しかし、ここでは、のちに説明する「生徒指導提要」にも触れるので、生徒指導とする。

生徒指導は個々の教師の人間観にもかかわるので、職員室が二分されることもしばしば起きる。また、その生徒指導は学校によってかなりの違いがあることも事実である。たとえば、頭髪・服装などが厳しい学校もあれば、緩やかな学校もある。いわゆる校則の問題である。私は長くこの生徒指導の担当をやってきた。私自身は、生徒指導といってもどこの学校でもやってはいけないこと、つまり暴力・窃盗・いじめなどと、学校によって違いがある頭髪・服装などの問題を分けるべきだと主張してきた。便宜上、前者を絶対的生徒指導、後者を相対的生徒指導などと考えてきた。

しかし、現場ではそれらが区別なく論じられ、「服装の乱れは心の乱れ」などという表面だけの言説が飛び交い、前例にならっただけの生徒指導がおこなわれることもしばしばあった。いじめのような現象が生じた際、それがいじめなのか、いじりなのか、おふざけなのかを判断しなければならない。そうした場合、何らかのエビデンス（根拠）が必要になる。この場合でいえば、いじめとは何か、つまりいじめの定義に照らして現象を見る必要がある。そうしないといじめの実相は見えてこないし、解決に至らない。そして生徒指導を考えるためには「生徒指導提要」が重要な指針になった。

二〇一〇（平成二二）年に旧版の同書が出たときはとても参考になった。とくにいじめについての箇所は非常に役に立った。どうしてもいじめる側といじめられる側という関係だけで見てしまうが、同書の「いじめ問題の理解」のところでは次のような記述があった。

いじめは、いじめる側といじめられる側という二者関係だけで成立しているのではなく、「観衆」としてはやし立てたり面白がったりする存在や、周辺で暗黙の了解を与えている「傍観者」の存在によって成り立つのです。日本のいじめの多くが同じ学級の児童生徒同士で発生することを考えると、教室全体にいじめを許容しない雰囲気が形成され、傍観者のなかからいじめを抑止する「仲裁者」が現れるような学級経営を行うことが望まれます。

こうした記述は理論と実践がしっかり呼応している記述である。私自身もいじめの現場に立ち会い、その解決を目指しているときに、「いじめとは何か」をしっかり把握しないと前に進めなかった。いじめる側といじめられる側だけではなく、「傍観者」「仲裁者」の存在を認識するなかで、いじめ問題を解決することができた。それこそ教師の経験だけではどうしようもなく、「いじめ」を客観的に見る力が必要だったので、生徒指導提要は役に立ったのである。

二〇二二年、生徒指導提要が一二年ぶりに改訂された。一二年前に比べて教育の課題も多くなり、いわゆる生徒指導案件も多岐にわたっている。そうした現実を踏まえての改訂である。この生徒指導提要は、いうまでもなく中教審答申や学習指導要領と関連していて、学校現場での生徒指導の指針なので重要である。さまざまな課題が山積する学校現場において生徒指導は重要な位置を占める。しかも理念だけではどうしようもなく、現実的対応が常にもとめられる。教師の生徒指導の羅針盤となるのが生徒指導提要なのである。

一二年ぶりとなる改訂版では、発達障害や性的マイノリティにかかわること、さらに校則の運用・見直し等についても盛り込まれている。一二年前とは生徒指導の対象も大きく変化しているので改訂せざるを得ない状況である。前の生徒指導提要から月日が経ち、児童生徒の自殺者数や不登校の増加、ＩＣＴ（情報通信技術）の普及に伴うネットリテラシーの必要性、時代に合わない校則の見直しなど、生徒指導上の課題も変化した。それゆえの改訂であるので、納得できる。

改訂された生徒指導提要は、今日的な問題も取り上げ、第Ⅱ部の「個別の課題に対する生徒指導」はおおいに参考になる。しかし、残念なことにコアである第Ⅰ部第一章「生徒指導の基礎」がとてもわかりづらい。聞きなれない用語も出てくるし、無理やり体系化しているように思われる。

今回の改訂版では生徒指導の構造として「二軸三類四層構造」というものを打ち出していて、「発達支持的生徒指導」「課題予防的生徒指導」「課題未然防止教育」「課題早期発見対応」「困難課題対応的生徒指導」などの語句が並べられ、図でも説明されている。大切な概念だろうが、もっとわかりやすくできないのかと思う。また、他の個別課題にもこの構造で説明され、むりやりに当てはめている感がぬぐえない。教員採用試験のために暗記しなくてはならないだろうが、現場の先生が読むのだろうかと疑問に思う。

5　教師の自己実現のために

教師の自己実現ができていない。使命感を利用されながら、働き続けさせられている。働き続けさせられる呪文は、「子どものため」である。「子どものため」ということは、それ自体悪いことではない。しかし、それがスローガン化されると、無限の働きが求められる。理想はいくらでも現実を押しつぶす。

子ども中心主義だといわれているアメリカの哲学者・教育学者ジョン・デューイも子どもを理想化することに異議を申し立てている。デューイは子どもを見下げたり、理想化したりすることの両方を排除している。その個所を『学校と社会・子どもとカリキュラム』から引用しよう。

子どもを見下げたり、理想化するようなことは共に、子どもの成長あるいは運動を、ある時点で切断し固定したものとしてみるような、ある一つの段階だけを取りあげることから発生するのである。

デューイは子どもの経験を固定化せずに推移していくものとして見ていかないと、子どもに対する真の理解は得られないことを強調する。子どもを見下げる傾向はなくなっているが、理想化することも危険である。「子どものため」ということで教師に自己犠牲を求めるのはそろそろ止めにしなければならない。

また、アメリカの心理学者アブラハム・マズローの「欲求の階層」に模して表現すれば、今の教師はなかなか自己実現に至っていない。それは下位の欲求が満たされていないのである。とくに「働き方」である。今のような状態を放置しておくと、自己実現が困難な教師が増えて、それは「やりがい」の喪失につながっていく。働き方改革として給料の上乗せが話題になっているが、それに焦点を当ててはいけない。じつは教員の給料はそう安くはない。労働時間を考えると単価当たりの給料が安くなっているというだけのことである。給料を増やして終わりにするのではなく、労働時間を減らすことを最優先しなければならない。労働時間を減らすためには教員はＰＴＡ会費の関係で銀行に行ったり、生徒の登下校の見守りをしたり（緊急時は別だろうが）、調査・統計等への回答をしたり、地域ボランティアをしたりなど、文部科学省も教員がやらなくていいと言っていることをやめることである。

そうした時間をなくして、少しでも教師が教材研究に当てる時間を増やすこと、それが結局、子どものためにもなる。

おわりに

「教師って何?」ということで自己の実践をもとに「やりがい」を見てきた。教師が何であるかを論じる前に、教師であることで目の前の課題に向き合ってきたので、自己を振り返ることはあまりなかったと思う。教師であることは誇らしかったし、教師のやりがいは疑いない前提であった。

しかし、教師であることがこれほど困難な時代にあって、「教師って何?」「教師のやりがいって何?」と問わなければならない状況になった。これは喜ばしいことではないが、そのことに向き合うことがとても大切な時代になっているということも認識する必要がある。

◉註

(1) 詳しくは拙著『格差社会にゆれる定時制高校』(彩流社)を参照のこと。

(2) 以下は、『経済学・哲学草稿』のなかの「疎外された労働」の記述である。

「では、労働の外化は、実質的にはどこにあるのか。

第一に、労働が労働者にとって外的であること、すなわち、労働が労働者の本質に属していないこと、そのため彼は自分の労働において肯定されないでかえって否定され、幸福と感ぜずにかえって不幸と感じ、自由な肉体的および精神的エネルギーがまったく発展させられずに、かえって彼の肉体は消耗し、彼の精神は頽廃化する、ということにある。だから労働者は、労働の外部ではじめて自己のもとにあると感じ、そして労働のなかでは自己の外にあると感ずる。労働していないとき、彼は家庭にいるように安らぎ、労働しているとき、彼はそうした安らぎをもたない。だから彼の労働は、自発的なものではなくて強いられたものであり、強制労働である。そのため労働は、ある欲求の満足ではなく、労働以外のところで諸欲求を満足させるための手段であるにすぎない。」(ドイツ語部分は略)

◉引用文献

マルクス（一九六四）『経済学・哲学草稿』（城塚登・田中吉六訳）岩波書店
文部科学省（二〇一〇）『生徒指導提要』教育図書（旧版）
文部科学省（二〇二二）『生徒指導提要』東洋館出版社
文部科学省ＨＰ（二〇二一）「『令和の日本型学校教育』の構築を目指して〜全ての子供たちの可能性を引き出す、個別最適な学びと、協働的な学びの実現〜（答申）」
https://www.mext.go.jp/content/20210126-mxt_syoto02-000012321_2-4.pdf
ジョン・デューイ（市村尚久訳）（一九九八）『学校と社会・子どもとカリキュラム』講談社

第二章◉共生社会のための学校づくり

キーワード：人権・同和教育／外国につながる生徒／インクルーシブ教育／ジェンダー／性的マイノリティ（ＬＧＢＴ）

井上恭宏

はじめに

生まれた場所、人種、民族、障害の有無、性自認などさまざまな属性をもつ一人ひとりの人たちが、分け隔てられることなく、おたがいの尊厳を認めあいながら生きていける共生社会をつくりたい。共生社会をつくるために、何が必要なのだろうか。社会が公正であるか否かに関心をもって社会とかかわろうとする市民を、どうすれば育てることができるのか。

共生社会を考えるとき、人権の視点は欠かせない。そして、人権について考える場合、差別の問題について考えることが大切になる。日々の暮らしのなかで、自分の尊厳を脅かすようなできごとに取り囲まれている生徒たちがいる。その一方で、誰かの尊厳が脅かされていることに気づかずに日々を送る生徒たちがいる。苦しみ、悩んでいる生徒たちを大切にしていくうえで、教師が差別の問題について考えておくことは重要である。そして、苦しみ、悩んでいる生徒に無関心だった生徒たちが共生社会をつくる方向へと開かれていくように促すことが求められる。

差別を許容することなく、人々がともに生きていく共生社会のための学校づくりに取り組みたい。そのために、ここでは五つのキーワードをあげる。人権・同和教育、外国につながる生徒、インクルーシブ教育、ジェンダー、性的マイノリティ（LGBT）の五つを通して考えていく。

1　人権・同和教育

二〇一六年、差別を解消することを目的とする三つの法律が施行された。四月に障害者差別解消法が施行され、国、地方公共団体や会社などの各事業所などに対し不当な差別的取り扱いを禁止し、合理的配慮の提供が求められるようになった。六月にはヘイトスピーチ解消法が施行され、特定の民族や国籍の人々を排斥し、不安や差別意識を煽る差別的言動（ヘイトスピーチ）をなくすための国や地方公共団体の責務を明らかにしている。そして、一二月には部落差別解消推進法が施行され、インターネット上への差別的な書き込みなども含め部落差別が存在するという認識のもと、部落差別がない社会の実現に向けて、国と地方公共団体の責務を明らかにしている。(1)この三つの法律に共通するのは、日本社会に差別があると認め、公的機関が差別をなくすために務めなければならないと規定していることである。

戦後の日本の反差別・人権教育の動きは同和教育が牽引してきた。黙っていれば差別はなくなるはずで、差別があるというから差別が起こるのだという寝た子を起すな論に対して、同和教育運動は、部落差別の現実を直視し、教育を通じて差別をなくすことを目指すべきだと考えたのである。全国同和教育研究協議会（現在は、全国人権教育研究協議会）は、「差別の現実から深く学ぶ」というスローガンで反差別人権教育の実践を積み重ねてきた。では、差別の現実から深く学ぶ教育実践とはどういうことなのだろうか。

高知県の福祉教員（高知県教育委員会が、長欠・不就学の多い小中学校に配置した特別教員のこと）による手刷りの実践記録集『今日も机にあの子がいない』は、一九五四年に発行されている。戦後、被差別部落の子どもが長欠しているのは、親の学校や教育への無理解があるからだと決めつける教師たちが多数を占めていた。そうした状況下の一九五〇年、高知県で福祉教員の制度が始まる。福祉教員たちは、家庭訪問を通して、被差別部落の劣悪な住環境や厳しい家計のなかでの生活実態に直面する。そして、長欠・不就学の原因が子どもや保護者にあるのではなく、部落差別によるものだとして、生活保障も含めた教育課題の解決に取り組み始めたのである。この取り組みが同和教育の原点とされている。

同和教育は、事実と実践を大切にする。学校での生徒の姿は、学校の外、地域、家での姿とは異なる。だから、生徒の生活背景に近づき、見ようとしなければ見えない生徒の姿と暮らしを捉えなければ生徒理解はできない、ということである。生徒の生活背景を知り、教師や学校が変わること、という考え方である。

部落差別に立ち向かう同和教育の実践は、生徒の社会認識や歴史認識を深める授業実践（渋染一揆の授業[2]、えた身分の古老が『解体新書』の翻訳に貢献した事実を伝える授業[3]）、差別を受け入れてしまわないための仲間づくり（子ども会活動や部落問題研究部の活動）、就職差別に対抗するための進路保障の動き（全国高等学校統一応募用紙制定の取り組み）、社会教育としての識字運動（成人識字教育）などへと広がっていく。

ここで、全国高等学校統一応募用紙（以下、統一応募用紙）について付言しておく。高校卒業予定者が民間企業の就職試験を受ける際に提出する履歴書を統一応募用紙と呼ぶ。高度経済成長期に入ると、被差別部落出身の高校生たちが就職試験に挑戦するようになる。そこで、就職差別事件が起こる。面接で、親の職業を聞かれる。最寄りのバス停はどこか、どこに家があるのかを聞かれる。試験会場で「社用紙」への記入を求められる。

そこには、家族構成、親の学歴と職業と役職と収入、購読新聞、家の間取り、住宅付近の地図などの記載欄がある。この社用紙を用いて差別選考がおこなわれていたのである。これに対抗するため、近畿圏で統一用紙を使用する運動が起こり、一九七三年に「統一応募用紙」の使用が労働省から通達されることとなった。「統一応募用紙」の記載内容は、差別を許さない観点での改訂が繰り返されてきている。

同和教育は、あらゆる差別問題の解決を図る人権教育へと進むことになる。現在、さまざまな少数者の教育保障にかかわる新しい概念が紹介されることがある。そうした概念は、同和教育が提唱してきた考え方と重なり合う。たとえば、教育と福祉の連携のなかでおこなわれるアウトリーチは、同和教育の家庭訪問であり、生徒の生活背景を知り、教師や学校が変わるという同和教育の考え方は、いまで言えば個体モデルから社会モデルへの転換を意味することになる（3節のインクルーシブ教育の項目を参照）。

人権・同和教育のポイントを三つあげてみる。その一は、生徒理解である。感受性を研ぎ澄まし、生徒のつぶやきを聞き取ることができるどうか、である。二は、生徒と社会との関係である。家族、友だち、経済状況など、生徒がどういう状況に置かれているのかを見極めることである。三は、生徒とその置かれた状況について、教師が周囲の教師や社会に伝えていくことである。「こんな状況に置かれた生徒がいます。このまま見過ごしにはできません」と情報発信することである。

被差別部落の生徒たちと公共施設を借りて自主的に学習会をしていたことがある。その部落の世話役の人から「この子たちは、高校に行くということをはじめから諦めていたんですよ。進学情報ももらえずに、自分たちが行ける高校があることもしらされなかったんです」と聞かされた。部落問題に出会ったことで、私の社会認識は広がり、深まったように思う。部落差別はニュースではほとんど取り上げられない。そして、気がつかないところで、被差別部落の児童生徒が不利益を被っているのである。部落差別について考え、差別する側が変わる。このことが、大切になってくる。

2 外国につながる生徒

出入国在留管理庁の調査（二〇二三年六月）によると、日本に在留する外国人は三二二万三八五八人で、総人口の二・六％を占める。また、文部科学省によれば、公立学校における日本語指導が必要な児童生徒（日本国籍含む）は二〇一一年から二〇二一年の一〇年間で一・五倍に増加している。外国籍の高校生は、一般の高校生と比べ中途退学率が高く、非正規就職率も高い。一〇代後半の外国人の子どもが教育や就労から排除されてしまうリスクは高くなっている。

外国につながる生徒とは、外国籍生徒、日本語を母語としない生徒、両親のどちらかが外国人である生徒などのことを指す。外国につながる生徒は、外国籍生徒だけではない広がりをもつ。たとえば、父親が日本人、母親が外国人で、日本国籍を有し、日本名をもっているけれど、来日したのは一年前で日本語を話すことはできないといった子どもが、日本国籍を有する外国につながる生徒、ということになる。文部科学省の「日本語指導が必要な児童生徒の受入状況等に関する調査」によると、二〇二三年五月一日時点で、日本語指導が必要な児童生徒のうち、約二割から三割の児童生徒は日本国籍を所有しているとのことである。

小学生のときに、旅行に行くと言われて母と日本にきたフィリピンにつながる生徒は、「なんでかわかんないけど、日本で野菜（煮物のこと）ばっか食わされて。中学じゃまわりがいじめてくるから、（暴力を）やるしかないっしょ」と言っていた。あるブラジル人の母親は、娘の学習について学校から呼び出された。通訳を入れての面談で、母は、隣にいる娘を厳しく叱った。そして、母の話は、複雑な家族関係、職場での差別的な待遇、それらに対抗するための自身の生活信条へと及んだ。母は、自分の苦労を誰にも告げられなかったのである。

外国につながる生徒の家族は、生徒本人にはうまく説明できない理由で来日しているケースもある。日本との間を行ったり来たりしつつ成長してきた生徒もいる。なぜ、自分が日本にいるのかを理解できない生徒もいる。そこから、親への不信や反抗が生じることもある。保護者が不安定な就労状況にある場合、生徒が高校生になるとアルバイトをして家計を支えることになる。親子ともに多忙で、会話は少なくなり、子は親と話さなくなり、母語あるいは第一言語は失われ、すれ違いが大きくなっていく。

外国につながる生徒の目の前には、高校進学の壁、高校卒業の壁、進路実現の壁が立ちはだかる。タイ人の母、日本人の父をもつある生徒は、教師の励ましを受けて卒業した。卒業時に進路を決めることはできなかった。その生徒が、教師に、永住ビザが取れたとの連絡をしてきた。アルバイトを掛け持ちしながら準備をし、専門学校に行くと決めたのである。その生徒は、来日して八年で高校に入学した。日本語力はある方だったのだが難しい単語は理解できなかった（言語の課題）。補習の場面では、ここが理解できないのか？　と教師が意外に感じる場面がしばしばあった（学習の課題）。生徒が真っ先に教師に報告したのは、永住ビザが取れたことであった（在留資格の課題）。高校在学中には小さな二人の弟たちの面倒を見なければならなかった（生活の課題）。

外国につながる生徒は、言語、学習、在留資格、生活など複合的な課題を生きている。何をどう支援すればいいのだろうか。①生徒の言語状況、家族の言語状況を把握して、日本語の力がつくよう支援しつつ、母語が失われないように配慮していく。②日常会話（生活言語）は上手でも、学習言語の難しさにつまずく生徒は多い。教材の提示の仕方を研究していきたい。③生徒の在留資格を把握し、進路支援に生かしていく（就労制限のある在留資格もある）。④生徒の多くは、いじめられた経験がある。家族とのすれ違い生活のなかで親子の関係が悪化していることもある。ヤングケアラーの役割をはたしている生徒もいる。家族が抱える人間関係の悩みについて把握して、生徒を支援することが必要である。

3　インクルーシブ教育

人間は、さまざまな特性をもって生まれてくる。車いす使用者は車いすで街を移動する。そこには、不便や危険が伴う。この不便や危険は、その人の体の状態によるものなのだから、その人が訓練をするなどして歩けるようになれば回避できるはずだという考え方がある。これを「個体モデル」「医療モデル」という。その足を治療すれば障害はなくなる、という考え方である。しかし、不便や危険があるのはその人の足の問題ではなく、階段があったり、歩道がなかったりするからである。車いす使用者はこうした街のなかで「障害」に出会う。こうした「障害」のなかを日々生きている人たちが「障害のある人」となる。

障害のある人が出会う障害の方をなくしていこうとする考え方を「社会モデル」という。国連の障害者の権利に関する条約は、「社会モデル」の考えに立つよう各国に求めている。こうしたことは、身体的な特性によるものだけではなく、知的障害のある人も含めたすべての障害に当てはめて考えていくべきものとされる。

聴覚障害があり、車いすを使用する生徒を担任したことがある。まず、私は手話を学び始めた。エレベーターがないので、教室移動では同僚たちと車いすごと持ちあげて階段を上り下りした。教師たちは、自ら動いていた。知的障害のある生徒の学習支援をしたときには、筆談器や小さなホワイトボードを使って運筆を見せながら筆記の支援をした。学校が開かれて、障害のある生徒と教師が出会うとき、はじめは付き合い方がわからない。しかし、考えながら、学びながら、教師たちは変わることができるのだと思う。そして、教師集団の協力体制がつくりあげられていくプロセスに参加していくことも教師にとってのやりがいとなっていく。

ここで、インクルーシブ教育とはどのような教育なのかを確認しておきたい。国立特別支援教育総合研究所「『インクルーシブ教育システム』とは?」には以下のように記されている。

障害者の権利に関する条約第24条によれば、「インクルーシブ教育システム(inclusive education system)」とは、人間の多様性の尊重等の強化、障害者が精神的及び身体的な能力等を可能な最大限度まで発達させ、自由な社会に効果的に参加することを可能とするとの目的の下、障害のある者と障害のない者が共に学ぶ仕組みであり、障害のある者が「general education system」(一般的な教育制度)から排除されないこと、自己の生活する地域において初等中等教育の機会が与えられること、個人に必要な「合理的配慮」が提供される等が必要とされている。

ポイントは、障害のある児童生徒が障害のない児童生徒とともに質の高い教育を受けることを権利としてとらえることだといえる。

障害のある児童生徒の教育では自立という言葉がよくつかわれる。障害児教育には、自立活動というプログラムもある。ところで、障害がないとされる人たちは自立して生活しているのだろうか。むしろ、障害がないとされる人たちは、いろいろな人に頼り、たくさんの他者につながることで生活している（自立している）ように見える。インクルーシブ教育は、障害のある児童生徒が一人で自立することを目指すのではなく、障害のない児童生徒とともに、つながりをつくりながら育っていくことを目指すものだといえるだろう。

ともに生きていくためには合理的配慮の考え方が重要になる。障害者の権利に関する条約の第二四条にも、日本の障害者差別解消法にも合理的配慮という言葉が出てくる。合理的配慮（reasonable accommodation）とは、障害者の社会参加を保障するために必要な調整（accommodation）を話し合いながらつくりあげていくことである。その話し合いは、配慮する／配慮されるという上下関係ではなく対等な市民どうしとしておこなわれる。インクルーシブ教育は、障害のある児童生徒が地域の学校でともに学ぶための教育条件や環境を調整することを目指すものでもある。

インクルーシブな学校づくりには何が必要なのだろうか。新生児仮死の後遺症で脳性まひとなり、車いす生活をつづけ、小中高と普通学校で統合教育を経験している熊谷晋一郎（東京大学先端科学技術研究センター教授）は、研修医時代の病院で、あまりの忙しさにスタッフ一人ひとりが、自分一人では回せないという感覚を共有したという。そのときの職場は「『自分一人では何もできない』という意味では、みんな障害を持っているとも言え、私の持つ身体的な差異は、他の人がそれぞれに持つ限界と等価になった」。そうした場でのスタッフのまなざしは、助けてくれる？　助けようか？　というまなざしであった。インクルーシブな学校づくりには、インクルーシブな職場づくりが必要だといわれる。誰かが困っていても助けない、自分が困っていても助けを求めない職場では、インクルーシブな学校づくりは難しい。困っている生徒が、いざ困ったときには誰かに助けを求めればいいんだということを学んでいける学校をつくっていきたい。それは、自分や学校や社会がどう変わるかを考えることでもある。

4　ジェンダー

ジェンダー（gender）とは、社会的・文化的につくられた性別による違いのことを意味する言葉である。ジェンダーには、男性・女性だけではなく、性的マイノリティ（5節の性的マイノリティの項目を参照）も含まれる。ここでは男性と女性の関係に絞って、学校におけるジェンダー平等について考える。

男女の性差に起因する差別や不平等をなくしていこうとする運動のことをフェミニズムという。フェミニズムの第一の波は、政治に参加する権利、教育を受ける権利、労働の権利など、女性が男性と同等の権利を獲得するための運動として展開された。これは、米国や英国での女性参政権獲得運動など多岐にわたる女性運動が起こった一九世紀から二〇世紀初頭を中心とする動きである。一九七九年に、国連総会で女子差別撤廃条約が採択された。それを受けて、日本では男女雇用機会均等法が一九八六年に施行されている。これにより同一の職種で、男性と女性の雇用についての差別が禁じられた。

高校では、一九九〇年代に入って、男女混合名簿の使用を求める機運が高まっていった。当時、男女混合名簿に反対する教師は多かった。現在では、大半の公立高校で男女混合名簿が導入されているが、すべてではない。

フェミニズムの第二の波は、一九六〇～七〇年代以降に高まる。ここで重要な役割を果たすのがジェンダーの考え方である。

ジェンダーの考え方は、性差別の構造が、法律や社会制度といったものの背後に、隠されたものとして、文化的、社会的に人間の行動を規定していると指摘する。私たちが、小学校に入学する親戚の男の子にランドセルをプレゼントするとして、何色のランドセルにするだろうか。おそらく黒や青のランドセルをプレゼントするはずで、赤やピンクにはしないだろう（ただし、最近はランドセルの色が多様になってきている）。男の子が赤やピンクのランドセルを背負って登校してもルール違反ではないのに、である。これは、法律や社会制度とは別のところで、文化的・社会的に私たちの考え方や行動が規定されていることを示す例である。

「わが校では女子は生徒会長になれない」という規定があれば、それは女性差別である。それを制度的に変更するように取り組むことが、第一の波のフェミニズムだった。こうした運動は、法律や制度のなかにある女性差別をなくしていくものであり、これからも続いていくことになる。そして、ジェンダーの考え方は、「わが校の生徒会長は男女いずれもが就くことができる規定になっている。だが、伝統的に生徒会長は男子で、女子が副会長をやることになっている」といった暗黙の了解を問題にするのである。

学校には、各教科のカリキュラムのような「表《おもて》のカリキュラム」だけではなく「隠れた（ヒドゥン hidden）カリキュラム」がある。隠れたカリキュラムは、教育する側が意図する、しないにかかわらず、学校生活を営むなかで、児童生徒が学びとっていくすべての事柄を指す。たとえば、男女別の名簿、教室の席順、作業をするときの班分けなどで、グループを男女に分けるといったことがおこなわれてきた。児童生徒は、グループを分けるときには男女で分けるものなのだ、と無意識に学んでいく。教師は、グループをつくる場面で、男女で別々になることを教えよう、と意識して指示を出しているわけではない。しかし、意識しないまま、不必要に男女で分けたりすることで、人間を分けるもっとも基礎的な基準が性別であるというメッセージを児童生徒に伝えることになってしまう。小学校の教員は圧倒的に女性が多い。しかし、管理職は男性が多数を占める。この事実も、職場や集団のリーダーとなるのは男性であると子どもに伝える隠れたカリキュラムになる。高卒後の進路でも、理系は男子、女子は文系といったジェンダー・ステレオタイプがある。こうしたステレオタイプの見方によって、女子の進路選択が狭められているとすれば問題である。中学高校の男女別制服の着用も隠れたカリキュラムといえる。制服の着用にストレスを感じている生徒がいるということも忘れてはいけない。

5 性的マイノリティ（LGBT）

現在、ＬＧＢＴという言葉が、性的マイノリティ全体の総称として、また性の多様性を表す言葉として用いられるようになってきている。ＬＧＢＴは、レズビアン（Lesbian 女性同性愛の人）、ゲイ（Gay 男性同性愛の人）、バイセクシュアル（Bisexual 両性愛の人）、トランスジェンダー（Transgender 体と心の性が一致しない人）の頭文字からなる言葉である。ＬＧＢは性的関心や恋愛感情が向く相手の性別、つまり性的指向についての言葉である。他方、Ｔは生まれたときに割り当てられた性別と自身の性自認が一致しない人のことであり、性自認・性同一性についての言葉である。性的マイノリティを、シスジェンダー（生まれたときに割り当てられた性別と自身の性自認が一致する人）でありヘテロセクシャル（異性愛者）である多数派以外の人たち、と考えることもできる。

ＬＧＢＴという言葉に代えて、Sexual Orientation（性的指向）と Gender Identity（性自認）の英語の頭文字をとったＳＯＧＩという表現が使われることもある。ＳＯＧＩという言葉は、すべての人にそれぞれの性的指向と性自認・性同一性があることを前提とし、すべての人が自分のＳＯＧＩをもつとする。

文部科学省が二〇二二年一二月に発表した『生徒指導提要』は、性的マイノリティについて次のように記している。

性的マイノリティに関する大きな課題は、当事者が社会の中で偏見の目にさらされるなどの差別を受けてきたことです。少数派であるがために正常と思われず、場合によっては職場を追われることさえあります。このような性的指向などを理由とする差別的取扱いについては、現在では不当なことであるという認識が広がっていますが、いまだに偏見や差別が起きているのが現状です。

文部科学省は性的マイノリティへの差別があるということを認め、教職員の理解を深めることと児童生徒の人権意識の醸成を図るよう呼びかけている。

では、ＬＧＢＴの児童生徒がいじめや差別を受けないようにするために学校はどのような対応をとればよいのだろうか。

あらゆる差別は、差別をする人がいるから起こる。女性がいるから女性差別が起こるわけではない。女性を差別する人がいるから女性差別がなくならないのである。ＬＧＢＴへのいじめや差別をなくしていくには、シスジェンダーでありヘテロセクシャルである多数派の児童生徒たちの考え方に働きかけていくことが大切になってくる。授業や休み時間にＬＧＢＴのことを話題にして馬鹿にしたり、笑いものにしたりするということがある。これを取り締まるのではなく、丁寧に話をして生徒たちの理解を深めていくことが重要だといえる。

性的マイノリティの児童生徒は、自分の状態を隠しておきたいと考えつつ、悩んでいる。児童生徒が相談しやすい環境を用意しておく必要がある。

ＦＴＭの生徒を担任したことがある。ＦＴＭという言葉は、Female to Male の略であり、トランスジェンダー男性を指す。その生徒は、生まれたときに割り当てられた女性としての性別とその後の男性としての性自認が一致しなかった。入学した女子高校になじめず、退学して、制服のない高校に入学してきたのである。ある日、悩みを相談され、養護教諭と情報共有をした。この生徒は、保健室に置いてあった支援団体のチラシに興味をもち、自ら相談に行って、ＬＧＢＴについての啓発活動で自分の体験を語るようになっていった。

悩みを抱える生徒から相談を受けた場合、「言ってきてくれてありがとう」と返し、生徒の話を聞く。ここで聞いた情報を一人で抱え込まず、関係教員間で情報共有しておく。情報共有は慎重におこないたい。生徒が隠しておきたいことを、相談していない教員から何の知らせもないまま話題にされれば、最初に相談をした教員との関係が壊れてしまう。また、保護者との情報のやりとりには細心の注意を払いたい。学校側から生徒の相談内容を聞かされた保護者が動揺することがあるからである。生徒と保護者の関係がこじれてしまえば、支援につながりにくくなる。その後、制服、トイレ、更衣室、名前の呼び方など、支援に関する先行事例を参照しつつ、生徒と保護者に提案していくことになる。教育委員会、医療機関との連携、相談も必要になってくる。

おわりに

生徒とのかかわりのなかで大切なのは、生徒を理解することである。生徒を理解するには、生徒の話をよく聞き、生徒の行動を見届けることである。よく聞き、見届ける過程で生徒と対話することも重要である。苦労している生徒の話をよく聞き、話し合う。話し合ったことについて周囲の教師に生徒の苦労がわかるように伝えることも忘れてはいけない。私のような教師に生徒が何を話してくれるのだろう、と考えてはいけない。その生徒がいちばん最後に頼ってきたのが、私のような教師であるということも少なからずある。

共生社会をつくっていくためには、マイノリティを支えていくことと同時に、マジョリティが変わっていくことが大切になってくる。特定の人を閉め出してきた社会が、開かれた社会へと変わっていくことを支えていかなければならない。いま、日本社会が共生社会へと向かっていけるかどうかが問われている。そのなかで、学校の在り方が改めて注目されている。ある被差別当事者は、「外国につながる生徒の置かれた状況は、自分が受けてきた部落差別にぴったりと重なる。わたしは同和教育に支えられてここまで生きてこられた。先生たちも諦めずにとりくみ続けてほしい」と語っていた。人が生きていくことの支えになれるのが教師の仕事だ、という指摘でもある。共生社会をつくるための教師の仕事は、やりがいのある仕事である。

◉註

（1）法務省のＨＰには「部落差別（同和問題）は、日本社会の歴史的過程で形作られた身分差別により、日本国民の一部の人々が、長い間、経済的、社会的、文化的に低い状態に置かれることを強いられ、同和地区と呼ばれる地域の出身者であることなどを理由に結婚を反対されたり、就職などの日常生活の上で差別を受けたりするなどしている、我が国固有の人権問題です」とある。

（2）一八五六（安政三）年一二月に岡山藩で被差別部落民が起こした一揆のこと。渋染一揆の授業は、身分制社会にあって人間の尊厳を守るための行動をとることができた人々がいたことを伝える授業となっている。

（3）一七七四（安永三）年に発行された『解体新書』は杉田玄白らがオランダ語の『ターヘル・アナトミア』を翻訳したものである。処刑された人間を腑分けする場面が玄白の『蘭学事始』に出てくるが、玄白らは腑分けをしていない。実際に腑分けをした「えたの虎松の祖父」は、蘭方医たちに人間の内臓について教えた。その解説が『ターヘル・アナトミア』と同じ内容であることから、玄白はその翻訳を決意する。日本と西洋の文化との出会いに、被差別身分の人々の貢献があったことを伝える授業である。

◉引用文献

熊谷晋一郎（二〇〇九）『リハビリの夜』医学書院

国立特別支援教育総合研究所ＨＰインクルーシブ教育推進センター「『インクルーシブ教育システム』とは？」
https://www.nise.go.jp/nc/inclusive_center/incluedu

文部科学省『生徒指導提要』二〇二二年一二月（第1.0.1版）
https://www.mext.go.jp/content/20230220-mxt_jidou01-000024699-201-1.pdf

第三章◉子どもの貧困と教師

キーワード：子どもの貧困／適格者主義／高校中退／キャリア支援／チームとしての学校／障がい

金澤信之

はじめに

二〇一二年、内閣府に置かれた社会的排除リスク調査チームによると、社会的排除の状態に置かれた人々は「若年層（二〇歳から三九歳）においても、居住、教育、保健、社会サービス、就労などの多次元の領域から排除され、社会の周縁に位置」しており、その原因は「高校中退、非正規労働、生活保護受給、住居不安定（ホームレス）、シングル・マザー」等とのことである。そうした社会的排除にいたる子ども期の「潜在リスク」は「本人の障害、出身家庭の環境、教育関係」と分析されている。こうした潜在リスクを抱えた生徒が学校に在籍している可能性がある。なお、社会的排除は貧困という概念を補完するためにフランスで最初に提唱された。しかし、潜在リスクとなっている経済状況を含めた家庭の環境や本人の障がい等の個人情報に教師がアクセスすることは難しい。結果として、教師は潜在リスクになかなか気づけない現実がある。これは個人情報保護の視点からは現代では当然のことなのかもしれない。だが、生徒を支援するためには、個人情報保護を前提に潜在リスクを明らかにしていくことが学校に求められているともいえよう。この章では、子どもの貧困を中心に社会的排除の原因やいくつかの潜在リスクについて考える。なお本文中では、貧困以外に課題、困難、困窮といった表現も使用している。

1　子どもの貧困

学力下位の高校で初めて担任をしたとき、遅刻・欠席・学力不振等で進級・卒業が難しくなっている多くの生徒と出会った。そのなかの何人かは、最終的には留年、転出、中退になった。そうした生徒とかかわっていくなかで、家庭の経済状況の厳しさ、本人や保護者の疾病や障がい、生活保護等が明らかになっていった。しかし、それらの困難に対して、学力面や学校生活にかかわる従来の指導では歯が立たなかった。そのようなとき、子どもの貧困という考え方を知り、指導に四苦八苦している担任としての自分を客観的に見ることができた。生徒の背景に潜む課題を発見し、指導だけではなく、その生徒に適した支援をしていかないと何も解決しない。こうして、高校における新たな支援の仕組みを考え始めたのである。

子どもの貧困を研究している阿部彩によれば、二〇〇八年は子どもの貧困元年といわれる年とのことである。私が担任をすることになった時期とも重なっている。二〇〇八年は世界的な金融危機不況（リーマンショック）となり、年末には年越し派遣村が連日テレビで取り上げられた。また、景気悪化の影響で保護者が国民健康保険料を滞納したため、無保険状態にいる子どもたちの存在も明らかになった。なお、二〇〇九年の改正国民健康保険法によって臨時の保険証を発行できることになった。阿部は、こうした状況から二〇〇八年を子どもの貧困の発見の年とも呼んでいる。阿部は、「ほんの数年前までは貧困の子どもが日本にいるなんて信じられないといった反応が一般的」であったと述べている。

翌年の二〇〇九年になると、マスメディアが子どもの貧困を取り上げるようになる。たとえば、NHKスペシャルは、非正規社員の増加に伴って、「給食費や教材費が払えず小中学校への通学も難しくなったり、貧困から高校を中退せざるを得ない子どもが急増している」ことを報告した。まさに、私がクラスで直面している生徒の状況であった。

その後、二〇一三年に子どもの貧困対策の推進に関する法律（通称：子どもの貧困対策推進法）が成立した。さらに、政府が対処すべき具体的な内容は、二〇一四年に成立した子供の貧困対策に関する大綱で定められた（法律は「子ども」、大綱は「子供」の表記）。

子どもの貧困対策推進法第二条（基本理念）には、「子どもの貧困対策は、子ども等に対する教育の支援、生活の支援、就労の支援、経済的支援等の施策を、子どもの将来がその生まれ育った環境によって左右されることのない社会を実現することを旨として講ずることにより、推進されなければならない」（二〇一三年版）とある。学校は、学習支援中心になることが多いが、法律は教育の支援を含めた包括的な支援になっている。さらに子供の貧困対策に関する大綱は、「『学校』を子供の貧困対策のプラットフォームと位置付けて総合的に対策を推進する」（二〇一四年版）とした。まさに、私が担任をしていた学校が必要としている支援の仕組みであった。

子どもの貧困対策推進法第九条は、「都道府県は、大綱を勘案して、当該都道府県における子どもの貧困対策についての計画を定めるよう努めるものとする」とした。これによって、神奈川県では、かながわ子どもの貧困対策会議を設置し、二〇一八年に子どもの貧困対策への新たな取り組みの提案をまとめている。同会議には私も参加し、それまでに取り組んできたいくつかの支援の仕組みを提案に盛り込んだ。「NPO等と協働した学校内での居場所づくり」「就職希望者の多い高等学校を重点的に、スクールキャリアカウンセラーの配置を拡大」「生活保護世帯・生活困窮世帯の子どもや若くして親になり将来の困窮のリスクが極めて高い子どもなどに対する高等学校等における中途退学防止対策」等である。

阿部は絶対的貧困を「食べ物にも事欠いており、衣服もボロボロである、といった発展途上国の難民や終戦後の日本の状況」のように「生きることさえ危うい状況」と説明している。一般的に貧困というと、こうした絶対的貧困をイメージするのではないだろうか。

しかし、子どもの貧困とは相対的貧困であり、先進国の多くの国で用いられている貧困の概念である。阿部は相対的貧困を「その社会の人が享受しているふつうの生活をおくることができない状態と定義」する。阿部は「ふつうの生活」とは、「食事、衣服、住宅の衣食住はもちろんのこと、就労やレクリエーション、家族での活動や友人との交流、慣習といったことが含まれる」とも説明している。確かに国の調査、統計によって定められた貧困線で相対的貧困は示されるが、生徒がふつうの生活をしているのかどうかはわかりづらい。私の経験からも、制服姿の外見や日頃の様子からは相対的貧困であるかどうかを判断することは難しかった。

なお、子どもの貧困対策推進法は二〇一九年の見直しを経て、二〇二四年にこどもの貧困の解消に向けた対策の推進に関する法律と名称変更され、改正・成立した。改正後は、すべての法文において「子どもの貧困対策」が「こどもの貧困の解消に向けた対策」に変更されている（「子ども」は「こども」に表記変更）。全体を通して、より強く子どもの貧困を解消することが強調される内容になった。

2 適格者主義

高校を中退した生徒を継続して支援しているなかで、中退の原因となった世帯の状況が明らかになったことがある。ひとり親家庭で保護者が自殺し、子どもたちだけの生活が数年続いていた。児童相談所にも繋がらず、食事にも事欠き、甘いジュースでやり過ごすといった厳しい日々のなかで、成績不振、欠席数が増加し、繰り返し指導を受けたが改善することがなかったので中退したのである。

問題行動を繰り返し、指導に従わない生徒が中退していくことは、生徒の責任であり、学校・教師の責任ではないとする適格者主義の考え方がある。この考え方は、一九六三年の公立高等学校入学者選抜要項（初等中等教育局長通知）において「高等学校の教育課程を履修できる見込みのない者をも入学させることは適当ではなく、入試選抜は「高等学校教育を受けるに足る資質と能力を判定」するためのものとしたことを背景としている。しかし、当時の高等学校進学率が約六七％であったのに対し、その後九四％に達した一九八四年の「公立高等学校の入学者選抜について」では、「高等学校、学科等の特色に配慮し」ながら、設置者と学校の判断で入学者選抜をおこなうものとされ、一律に高校教育を受ける能力や適性等を前提とする適格者主義の考え方は修正された。しかし、現在も入学者選抜制度が残っているため、適格者主義は現場に根強く浸透している。中退をしていく生徒について教職員の間で常に議論となる考え方であり、生徒の進級や卒業についての会議でもこの視点で議論となることが多かった。

だが、約九九％の生徒が高等学校に進学し、就学支援金制度もある現状は、高等学校が国民的な教育機関としてすべての生徒に対して開かれるようになったともいえよう。こうしたことから、現在の高校は、すべての生徒の学びを支援する学校になったと考えることもできる。

意識する、しないにかかわらず適格者主義で生徒に向き合うのであれば、学校が子どもの貧困対策のプラットフォームになるのは難しい。また、学校現場で困難を有する生徒の支援をしていると、他の生徒への対応とのバランスを欠いているとの批判を受けることがあった。しかし、支援が必要な生徒に注力しなければならないときもある。大阪公立大学の西田芳正はそういった学校の様子を「子どもの能力差を認めず、特定の子どもを特別扱いしない、平等な処遇を目指すという実践は、教師たちの支持を広く集めている」と説明した。日本大学の末冨芳はこうした状況を平面的平等観と批判している。さらに、末冨はＰＩＳＡや全国学力テストに注目が集まる結果、点数学力が重視されることによって、不利な状況にある生徒が学校から排除される可能性が高いことを懸念している。教育社会学者の耳塚寛明らの詳細な調査[1]によれば、学力は家庭のさまざまな社会経済的背景に影響されているので、末冨が言うように点数学力の重視によって困難が見えにくくなっている可能性もある。学力が低いことを生徒だけの責任にするのではなく、教師は生徒の置かれた背景や本人が抱える困難を知ることから支援を始める必要がある。

3　高校中退

社会福祉学者の岩田正美によれば、住居がなく、生活の場としてインターネットカフェ等を利用している「ネットカフェ難民」は、「二十代に限定すると、中卒、高校中退の割合」が高く、「圧倒的に高校中退が多い」とのことである。こうした状況について岩田は「『子どもの貧困』に通底する問題を抱えた若者が、ネットカフェに寝泊まりしながら、切れ切れの非正規労働で食いつないでいた」と説明した。

ネットカフェ難民とは、インターネットカフェ・漫画喫茶等を寝泊まりする場としている人々のことを指す。二〇〇七年、厚生労働省の住居喪失不安定就労者等の実態に関する調査報告書によって、その存在が明らかになった。ネットカフェ難民という呼び方は、日本テレビが二〇〇七年に制作した「ネットカフェ難民　漂流する貧困者たち」が最初で、貧困や格差社会を象徴する言葉の一つとして定着したといわれている。

私とかかわりがある神奈川県高等学校教育会館教育研究所（一般財団法人）が二〇〇七年にすべての神奈川県立高等学校の授業料免除者数の情報公開請求をおこなった。授業料が免除になるためには生活保護世帯を含めて住民税非課税世帯であることが必要なのだが、免除者の数と予備校が公開している偏差値の相関から、学力下位校ほど免除者が多いことがわかった。つまり、経済的な困窮と低学力には有意な相関があったのである（現在は就学支援金制度がある）。そして、同研究所の別の調査によれば、全日制高校では学力下位校ほど退学者が多いとのことである（二〇一七年度の神奈川県立高校全日制の平均中途退学率が一・二％だったのに対して、全日制の学力下位校では最大で一三・九％となっている。同年の高等学校における中退率の全国平均は一・三％）。また、同調査によると、中途退学者の多い学力下位校ほど転出者も多くなっていた。転出先としては広域通信制高校が多い。進級や卒業の目途が立たなくなって進路変更となるケースも多いようだ。できれば、転出後の生徒に連絡したり、転出先の高校と連携するなどして支援を継続したい。なお、広域通信制高校にある「サポート校」は高校ではないので、高等学校等就学支援金制度の対象外であることにも注意したい。経済的に苦しい家庭の場合、サポート校の費用を負担するのは難しいだろう。

経済的な困窮を背景として、低学力や出席数等の不足で学校を去っていく生徒たちがいる。そうした生徒たちが高校中退をせず、社会的な排除に落ち込まないように学校が支援するためには、適格者主義の考え方に落ち込まず、生徒の問題行動の背景を明らかにすることが重要である。たとえば、「はじめに」で紹介した社会的排除につながる原因の一つである生活保護の制度について教師が知ることも有効だろう。生活保護のケースワーカーと連携して支援をおこない、高校を卒業し、自立をしていった生徒が何人もいた。

なお、二〇二二年に改訂された生徒指導提要には、中途退学についての説明が掲載されている。そのなかで、中途退学の原因は、「生活の問題、進路の問題、学業の問題が複合的に存在」しているとしつつ、「貧困家庭の問題や、核家族の増加、ヤングケアラー」等といった課題とも関係していることを指摘している。

4　キャリア支援

厚生労働省が二〇二四年に公表した生活保護の令和四年度被保護者年次調査における年齢階級別被保護人員は、〇歳から一九歳までが約一七万一〇〇〇人となっている。さらに詳細な年齢別の統計が公表されている令和四年神奈川県福祉統計から、生活保護の生徒が高校にどのくらい在籍しているのか推計してみよう。年齢階級別保護人員の表によると、一五歳から一七歳が三二一四人、一八歳から一九歳が一二二三人となっている。合計すると四四三七人となる。ただし、中学三年生、高校に在籍していないケースや卒業しているケース等も含まれるので、あくまでも概数としての人数である。そして、同年の同県の高校の在籍数は一九万八〇七九人(中等教育学校を含まず)となっている。概ね平均して在籍者の二%ほどの生徒が生活保護世帯に属していると考えてよいだろう。しかし、高校中退の説明で述べたとおり、学力の低い高校には生活保護世帯が多い可能性がある。このような状況は、神奈川県以外の自治体にも同じように存在するのではないだろうか。

世帯の経済的困窮は高校生の進路等にどのような影響を与えているのかを「神奈川県子どもの貧困対策推進計画令和三年度点検・結果報告書」から確認してみる。たとえば、神奈川県における公立全日制高校の大学等進学率は六〇・九%だが、生活保護世帯の場合は四八・一%(全国三九・九%)となっている。就職率は、公立全日制で九・〇%だが、生活保護世帯は三〇・九%(全国四一・三%)となっている。世帯の経済状況が生徒の進路に影響している実態がわかる。

本来は世帯の経済状況に左右されずに進路を選択してほしい。しかし、それはなかなか難しいので、こうした生徒のキャリア支援をするためには、生活保護における生徒の進路の扱いや在学中のアルバイト収入に対する扱い等を教師が理解していることが重要になる。では、生活保護の生徒のアルバイトや高校卒業後の進路はどのようになっているのであろうか。神奈川県の高校生支援プログラム(令和五年)から紹介したい。

アルバイトの収入は交通費、基礎控除、税金などを除いた額が収入として認定され、保護費が減額されるので注意が必要だ。しかし、同プログラムには「高校生がアルバイトをして給料をもらったとき、事前に福祉事務所に相談することで、その一部を修学旅行費の積立金や私立高校の授業料の不足分等に使うことや、資格取得費用、進学費用、進学や就職のときの転居費用として貯めておくことができる」(要旨)とある。説明にあるように事前に福祉事務所に相談することが必要なのだが、もし、生徒が生活保護であることがわかれば、アルバイトをすることで修学旅行に参加できたり、進学に必要な費用を準備することができる。アルバイト収入を控除対象とするために、生徒と相談しながら福祉事務所に提出する自立更生計画書を作成したこともあった。このように学校が福祉事務所と連携することで支援がしやすくなる場合がある。しかし、生活保護といった個人情報の取り扱いには細心の注意が必要である。よほどの信頼関係がなければ、生徒に生活保護についての質問はできないだろう。

進学はどのようにするのだろうか。同プログラムには「①大学生だけ生活保護から外れる（世帯分離する）こと、②貸与金や給付金等を受けること、の二つの要件」を満たすことが必要だとある。②はいわゆる奨学金等だが、世帯分離には注意が必要である。世帯分離とは「生活保護上の世帯員の認定から除外する取扱い」であり、世帯分離した生徒は、自分で国民健康保険に加入し生活費も自分で稼がなければならない。給付型奨学金で進学ができたとしても、アルバイトに追われることになり、中途退学等の困難な状況に陥る可能性も考えられる。実際、奨学金が世帯の生活費になってしまい、学費が払えず大学や専門学校を中退した生徒が何人もいた。そうしたこともあるので、生活保護世帯の生徒が進学したら、できれば卒業後も声をかけ続けたい。

就職した場合、世帯に留まれば毎月の収入申告が必要となる。生徒の元には、基礎控除、新規就労控除（六ヵ月）、二〇歳未満の者控除の金額が残る。それ以外は生活保護費が減額される。ここで注意したいのは、生徒と保護者の関係である。生徒が保護費相当分の収入を保護者に渡せば、世帯はこれまでと変わらずに生活できるが、渡さなければ世帯は困窮してしまう。すべての世帯でこのような状況に陥るわけではないが、私がかかわったケースで、収入の認定を保護者と生徒が嫌って、生徒が世帯を離れて自立していくことが複数あった。不慣れな一人暮らしを始める生徒がいたとしたら、卒業後も声をかけ続けたい。

5　チームとしての学校

自由民主党教育再生実行本部第二次提言（二〇一三）に、「『チーム学校』の実現、外部人材三〇万人の学校サポーターの活用等により、教師が児童生徒への教育に専念できる体制の実現」とある。さらに、その実現のためには、「全ての学校への主幹教諭の設置等により、学校を鍋蓋型組織から重層的組織」にし、「校長を中心とした組織的な学校運営体制を構築、組織力の向上を図る」とした。

その後、この改革方針は、「チームとしての学校の在り方と今後の改善方策について」(二〇一五年中教審答申)に継承された。答申は、「学校や教員だけでは、十分に解決することができない課題」に「学校や教員が心理や福祉等の専門家(専門スタッフ)や専門機関と連携・分担する体制を整備し、学校の機能を強化していくことが重要」としている。さらに、こうしたチームとしての学校が機能するためには、「校長のリーダーシップが重要」であり、「主幹教諭の配置の促進や事務機能の強化など校長のマネジメント体制を支える仕組みを充実させることが求められているともした。また、答申には、「養護教諭や栄養教諭、スクールカウンセラー、スクールソーシャルワーカー、看護師等などの数が少ない、少数職種が孤立しないよう、学校全体で意識改革をおこない、専門性や立場の異なる人材をチームの一員として受け入れること」とあり、チームとしての学校を機能させるための難しさも指摘している。

生徒の支援に向かうためには、教職員の情報共有が重要となる。まずは、担任が生徒の困難に気づく場合もあるだろう。たとえば、部費が払えない、用具やユニフォームが購入できないといったことから部活動の顧問が生徒の困難な状況に気がつき、支援についての相談を私にしてきたことがあった。こうした気づきを出発点として、養護教諭、事務職員はもちろんのこと、スクールカウンセラーやスクールソーシャルワーカー、外部の関係機関等との連携がおこなわれていく。いわゆるチームとしての学校である。こうした学校では、すでにケース会議が設置され、教育相談コーディネーターの教師が配置されているかもしれない。

チームとしての学校が機能するためには、管理職がリーダーシップを発揮することも重要なのだが、いわゆる命令や管理を背景としたリーダーシップでは対応が難しい。このようなリーダーシップでは、教師は指導力への評価を気にかけ、生徒指導上の問題の解決(頭髪、遅刻、欠席等)を優先することになる場合があるからだ。

そうして、校内から気軽に相談する雰囲気が少なくなっていく。

自身への評価を気にかけ生徒指導上の問題の解消だけを目指すのではなく、まずは、問題の背景にある生徒や保護者の課題や困難を発見できるようにしたい。そして、教職員が気楽に情報を共有し、学校全体で困難な状況にある生徒の支援について考え続けたい。そうした学校になるためには、誰もが発言しやすいような職場環境を構築するリーダーシップが必要となる。こうしたリーダーシップの在り方については、立命館大学の金井壽宏が紹介しているサーバント・リーダーシップが参考になる。金井はサーバント・リーダーを「まず相手に奉仕し、その後相手を導く」リーダーと紹介している。

管理職が教職員に奉仕するという意識で、働きやすい、風通しの良い職場環境を構築してほしい。そうすることで、教師は生徒の困難を早期に発見し、多くの教職員と協力をしながら支援に踏み出すことが可能となっていくのではないだろうか。さらに、こうした学校では、垂直的な官僚主義に落ち込まず、水平的なチームワークによって生徒の支援に向かうチームとしての学校になっていく可能性もある。

6　障がい

困難を有する生徒の支援をしていると、当該の生徒が貧困、経済的な困窮を核として、複数の困難を有していることがある。とくに障がい(2)については、特別支援学校以外の通常の学級にも障がいをもった生徒が在籍していることに留意するべきである。

現行の学習指導要領（中学・総則編）の解説には、「通常の学級にも、障害のある生徒のみならず、教育上特別の支援を必要とする生徒が在籍している可能性があることを前提に、全ての教職員が特別支援教育の目的や意義について十分に理解することが不可欠である」とある。たとえば、私が担任をした全介助が必要な生徒は、授業中、隣の席に教員が座り、教員がノートをとった。多くの教員が障がいのある生徒とともに授業を受けたのである。教師が障がいのある生徒の支援について考える大切な時間となった。

また、二〇二二年の文科省の調査によれば、発達障害の可能性がある小中学校の生徒の割合は、八・八％と推定されている。高校生は二・二％となっているが、過去の文科省調査によると、高校の全日制が一・八％であるのに対して通信制には一五・七％、定時制に一四・一％の発達障害の可能性がある生徒が在籍していると推定されている。こうしたことから、通常の学級の生徒についても、特別支援教育の視点から支援を考えることが必要となってきている。実際、支援をした複数の生徒が在学中に障がいを受容し、障がい者雇用や就労移行支援、障害年金受給につながった。卒業後に知的障がいが判明し、支援を受けながら療育手帳を取得した生徒も複数いた。

支援がなければ、高校卒業後、本人・保護者も気がつかないまま、障がいを原因として大学等の中退、失業等といった困難な状況に陥る可能性がある。障がいが、はじめにで紹介した子ども期の潜在リスクになっているのである。

通常の学級に在籍している生徒のキャリア支援は、障がいを受容しているケースであれば、それを企業に伝える前提で、ハローワークの専門援助部門に相談することもできる。本人・保護者が障がいを受容していて、知的障害と判定されれば、児童相談所または知的障害者更生相談所で療育手帳が交付されるが、具体的な対応については、市町村の担当窓口に相談することができる。ただし、こうした相談、手続きに入る場合は、学校が先行するのではなくて、保護者・生徒との信頼関係を基盤として、ともに行動することを忘れてはならない。

二〇二二年には国連の障害者権利委員会から日本政府への勧告（総括所見）があった。勧告には、障害者の権利に関する条約の教育（第二四条）に関連して、「障害のある児童への分離された特別教育が永続していること」を懸念しているとある。総括所見を受けて、文部科学大臣が記者会見で、「多様な学びの場においておこなわれます特別支援教育を中止することは考えていない」としつつも、「勧告の趣旨を踏まえまして、インクルーシブ教育システムの推進に向けた取組を進めていきたい」と述べた。時間はかかるかもしれないが、今後、学校現場へのインクルーシブ教育のさらなる導入が進むことが予想される。すでに神奈川県の高等学校では、インクルーシブ実践推進校の取り組みが始まっており、全日制の高等学校に知的障がいのある生徒が入学し、ともに学び生活しながら生徒会活動や部活動等にも参加している。

以上のように通常の学級でも、障がいのある生徒の学校生活、授業、進路等について支援する必要が生じてきている。まだ時間がかかるかもしれないが、インクルーシブ教育の進展によって、通常の学級に障がいのある生徒が在籍することが普通になるだろう。しかし、障がいのある生徒への支援は、たとえば担任一人で判断、実践できる事柄ではないので、チームとしての学校、児童相談所をはじめとした外部機関との連携が今後ますます重要になってくるだろう。また、二〇二三年に施行された改正障害者差別解消法では、すべての学校において障がい者への合理的配慮が義務化されたことにも注意が必要だ。

おわりに

子どもの貧困の背景には保護者の貧困、大人の貧困の課題が存在している。また、障がい、外国へのつながり、ヤングケアラー等の課題をもちつつ経済的に困窮しているケースもある。子どもの貧困は、複数の困難を有する場合が多いので、保護者を含めて多様な視点から支援を考えていかなければならない。

そうした生徒のさまざまな困難を発見するためには、学校内にいわゆる居場所カフェを設置することも考えられる。校内の空き教室や図書館などを使って、生徒にお菓子やジュースなどを無料で提供し、安心して過ごしてもらいながら、ときには相談にのるという場である。そしてもっとも大切なのは生徒を孤立させない伴走支援の機能という点である。今日もカフェに来て、スタッフや友達とおしゃべりをしている。安心、安全な居場所が支援の窓口になっていることなどに生徒は気づかず、変わりない日常のなかで支援が継続していく。カフェを含めたさまざまな相談の場、何気ない教師との雑談等によって生徒の困難が可視化されるのである。

本文中にも紹介した生徒以外にも困難を抱えた多くの生徒に出会った。そうした生徒たちからさまざまなことを学んだ。そして、卒業した彼らから励まされることもある。さまざまな人生を生きていく生徒たちとの出会いに感謝の気持ちしかない。

◉註

（1）二〇一四年に発表された国立大学法人お茶の水女子大学による全国学力・学習状況調査（きめ細かい調査）の結果を活用した学力に影響を与える要因分析に関する調査研究。家庭の経済状況等も含め、家庭・地域・学校・施策等の諸要因が児童生徒の学力等（学力や学習意欲）とどのように関係しているのかを総合的に分析した（報告書より）。

（2）「障害」の表記は「障がい」とするが、法律・引用等で「障害」が使われている場合はその表記に従った。

◉引用文献

内閣府社会的排除リスク調査チーム（二〇一二）「社会的排除にいたるプロセス～若年ケース・スタディから見る排除の過程～」https://www.mhlw.go.jp/stf/shingi/2r9852000002kvtw-att/2r9852000002kw5m.pdf
阿部彩（二〇一一）『弱者の居場所がない社会』講談社
阿部彩（二〇一四）『子どもの貧困Ⅱ――解決策を考える』岩波新書
末冨芳（二〇一六）「子どもの貧困対策のプラットフォームとしての学校の役割」『日本大学文理学部人文科学研究所研究紀要』第九一号
西田芳正（二〇一二）『排除する社会・排除に抗する学校』大阪大学出版会
岩田正美（二〇一八）『貧困の戦後史　貧困の「かたち」はどう変わったのか』筑摩書房
池田守男・金井壽宏（二〇〇七）『サーバントリーダーシップ入門』かんき出版
文部科学省「【総則編】中学校学習指導要領（平成二九年告示）解説」東山書房

第四章◉特別指導から見る生徒支援

キーワード：特別指導／高校中退／定時制高校

原 えりか

はじめに

学校を離れる生徒が増えている。生徒が学校で「困り感」を表出させるのではなく、個別に課題を抱え学校から離れていくようになり、教師が十分にかかわる機会を得られないまま中途退学や転出になるケースも少なくない。「ヤンチャな生徒が減った」「指導の件数が減った」という声をここ数年学校現場で聞くことも増えた。生徒指導にあたるような課題を抱える生徒が減ったという意味であれば望ましいことだ。しかし、そうではなく、課題を抱える生徒が特に問題行動などをおこさず、学校から姿を消しているだけだとしたら、指導の件数の減少は支援の機会の減少を意味するかもしれない。それは生徒指導・支援の経験が豊富な職員が減っていくということでもある。ここでは学校で「困り感」を問題行動として表出させる生徒への生徒指導、あまり聞きなれない言葉だと思うが、特別指導というものを取り上げ、その意義や効果から今後の生徒指導・支援の在り方、それに付随する教師のやりがいについて考察したい。

1 特別指導

小学校から高等学校段階までの生徒指導の理論、考え方や実際の指導方法等についてまとめた「生徒指導提要」にある「出席停止制度」と関連するものが特別指導だ。学校教育法第三五条第一項では出席停止の適用にあたって、「性行不良であること」「他の児童生徒の教育に妨げがあると認められること」という二つの要件を示している。また同条第二項では出席停止を命じる場合、市町村教育委員会は「あらかじめ保護者の意見を聴取するとともに、理由及び期間を記載した文書を交付しなければならない」、同条第四項では「出席停止の期間における学習に対する支援その他の教育上必要な措置を講ずる」と規定している。

つまり、法令・校則違反等の問題行動を起こした生徒に対し、生徒・保護者への聴取・説明のもと授業への出席を停止して、学習の支援を講じるとともに「学校や学級へ円滑に復帰することができるよう指導や援助に努めること」が求められている。

生徒指導の具体的方針や基準は各学校の「生徒指導マニュアル」等に明記されており、特別指導についても記載されている。指導方法は主に校長説諭、登校による別室での指導、自宅謹慎などがある。特別指導は懲罰ではなく指導・支援であるという観点から、自宅謹慎よりも登校による別室での指導が通例であるが、生徒の間では特別指導を懲罰的にイメージして「謹慎」と呼ばれることもあり、学校側と生徒の間に認識の違いがある。

特別指導に至る過程は以下のとおりである。

① 事実確認…生徒や関係者への聴取
② 指導原案作成…生徒指導会議において生徒指導グループや当該学年によって指導原案（指導方法・内容・期間）を検討する。
③ 生徒指導案の承認…職員会議での説明、校長による承認。
④ 申し渡し…校長から生徒・保護者への指導内容の説明。
⑤ 解除の認定…特別指導にかかわった教員による反省状況の評価。一日ごとに認定し、最終日まで積み上げて解除の認定に至る。
⑥ 解除の申し渡し…校長から保護者・生徒に対し指導の取り組み状況の説明、解除の伝達。

右記①から⑥の過程は不当な権力行使にならないかを学校組織において教師が自ら精査するものでもある。「生徒指導マニュアル」等の基準や指導前例との整合性、個々の生徒の状況、案件の性質や重大さなどを鑑み、教員の協議によって指導原案は作成される。

生徒指導の定義を「生徒指導提要」では「生徒指導とは、児童生徒が、社会の中で自分らしく生きることができる存在へと、自発的・主体的に成長や発達する過程を支える教育活動のことである。なお、生徒指導上の課題に対応するために、必要に応じて指導や援助を行う」とし、「学習指導と並んで学校教育において重要な意義を持つもの」であるとしている。「支える」や「援助」という言葉が使われていること、教科指導と生徒指導に上位関係がないと定義している点に着目したい。支援を内包したもの、教科指導と同等に重要なものが生徒指導であり、特別指導はその一つである。

2　特別指導の意義

特別指導は、生徒からは「懲罰」、教員からは「生徒が問題行動を起こしたという望ましくない状況」と捉えられがちである。しかし、本当にそうだろうか。日常の学校生活から一度身をひいて立ち止まり、学校・生徒・家庭の三者が生徒のもつ課題解決に向けて深く対話する時間、それが特別指導である。その過程で生徒の家庭状況、高校入学前の経験、現在の人間関係、授業での躓きなどの生徒を取り巻く環境や背景を知ることもできる。生徒と保護者だけでは話し合いが進まないところも、学校が間に入ることで整理して話すことができる。日常の学校生活ではここまで踏み込んで話をする機会はなかなかない。

特別指導は当該学年や生活指導担当の教員が分担して別室で当該生徒と話すことが多いが、他の教員が「担任の○○先生は、△△（指導対象生徒）のために頑張っているよ」と生徒の担任への信頼感が高まるように言い添えることもある。学校への期待感、精神的繋がりが希薄な生徒に対しては、「担任との関係性で卒業まで引っ張る」というのも現場でよく見られる光景であるが、その関係性の構築に注力できるという利点もある。

「○○先生のために僕も頑張ります」という言葉を指導日誌のなかで見たことがある。かっとなりやすい生徒Nは一年生のときから激昂して教員に迫るという事態を繰り返していた。あるとき、対教師暴言の末、Nがかっとなって学校を出ようとした。教員の静止を無視して飛び出すことは指導無視という新たな指導項目に当たる可能性もあり、何よりNがこのまま学校に来なくなるかもしれないと考えられる展開であった。担任は彼を校門まで追いかけ、授業中の誰もいない校門で時間をかけて落ち着くように諭し、「もうどうでもいい」というNに「どうでもよくない」「かっとなったら俺のところに来い」と伝えた。担任は「生徒が自分自身を諦めても、担任は諦めない」という態度を示した。特別指導を終えた後、Nは苛立ちが高まるとたびたび職員室の担任を訪ねてきた。二年生になると訪ねてくることもなくなり、何事もなかったかのように卒業していった。特別指導を通して毎日じっくりさまざまな教員と対話しNの根本にあった他人（教員）への警戒心が薄らいだこと、Nの課題（かっとなりやすい）・今後の対処法（苛だったときは職員室にくる）・個別の対応（授業を抜けてきてもよい）を学校と共有したこと、担任という精神的拠り所ができたことなどがこの特別指導の成果だった。

喫煙、暴言・暴行などへの特別指導を頻繁におこなっていた学校現場では「最近危ういところがあると思っていた。今特別指導に入れてよかった」「今思うとあのタイミングで特別指導に入れてなかったらやめていたかもしれない」という言葉を聞くことがあった。無論、生徒たちが自主自律した学校生活を送ることが望ましいのだが、それは単純に特別指導件数の少ない状況が望ましいという意味ではない。

特別指導に入るということは、内在している課題の発見と共有、課題に対する重点的な働きかけを可能にしたということを意味する。そして指導を経て生徒と教師・学校とのつながりを強めることもできる。特別指導は「望ましくない状況」ではなく、「学校側が生徒の課題を認識できた状況」である。

3　高校中退

一方、高校現場では「そこまでしてこの学校を卒業させる必要があるのか」「この学校でなくてもよい（通信制や定時制に行けばよい）」という教員の声も聞かれる。これは義務教育ではない高校現場で生まれる思考である。生徒は自分で高校を選択、受験して入学したわけであり、その結果合わないのであれば他の学校（現在、通信制高校に行くことが多い）でやり直すこともできる。高校は選べるものであり、高校生活そのものが合わないのであれば働くという選択肢もある。何度指導しても重ねて問題行動を起こす生徒に時間を割いていては、その他大勢の生徒のための時間が相対的に減っていくのは事実である。

たとえば大学受験を控えて教員に質問しにくる生徒、部活で更に良い成績を収めたいと練習を重ねる生徒、真剣に学習活動に取り組む生徒もいる。とくに近年は大学入試方法の多様化に伴い、二学期はエントリーシートや小論文、面接やプレゼンテーションの事前指導もある。このような状況で教員が「努力している生徒をもっと伸ばしたい」と考えるのは自然な結果であり、授業準備、部活や進路指導などに時間を割きたいと思う傍ら、何度話しても改善が見られずに学校を飛び出していこうとする生徒を校門まで追いかけ、時間と労力を割く必要があるのだろうかという考えである。

「この学校でなくてもいい」という言葉は、人間関係や校種（就学形式）の不一致による課題をもつ生徒にとっては、「他の学校がある」という意味の新しい選択肢を得る言葉になる。違う環境でやり直してみようと足を踏み出すきっかけになるかもしれない。

しかしこの言葉は「排除」と理解されることもあり、「排除」されたという経験は発した側が思うよりも生徒に「教員への不信感」として定着する。「自分を排除しようとする存在」としての教員のイメージが今後かかわる教員との衝突を生み、マイナスイメージが塗り加えられるというように悪循環に陥っていくこともある。

「もう面倒見れないからやめろって言われた」というKは、公立高校を中退後、私立通信制高校に入学したが問題行動等で退学。私の勤務する公立の定時制高校の一学年に過年度生として入学した。定時制入学後しばらくして喫煙行為が現認され、一言目は「何、俺やめるの？　いいよ」だった。担任だった私は、喫煙したからといって退学にはならないことを説明し、特別指導を受けるよう諭したが、「教員と話す必要がある特別指導より退学の方がまし」ということでまったく受け入れなかった。退学したくないから特別指導を受けて学校に残ろうとする生徒（嫌々ではあったが）を全日制で見てきた私は、退学よりも教員と話すことが嫌というKに学校への強い不信感をみてとった。しかしKの場合、もう次の学校はない。何度も学校社会との不適応を経験し、次の学校へ、次の学校へとバトンはかろうじて繋がっていたが、もうバトンを渡す次の学校はなかった。K自身も二度の高校退学を経て、諦めることに慣れていた。特別指導は懲罰ではないこと、一方的な説教を重ねる時間ではなくともにKについて考える時間であること、私自身のKに「この学校」を卒業してほしいという思いを伝えた。Kは「教員とどんな話をするのか」「どんな教員と話すのか」を一つひとつ確認し（彼にとっては重要なことであった）、しばらく考えた末に特別指導を受けることを決めた。

前校での実際の経緯は計り知れず、生徒が被害感情から「やめさせられた」と過大解釈している、自己の責任を教員の責任に転化している可能性がある。しかし「この学校でなくてもいい」と言われた経験が後続の学校生活での態度をさらに頑なにする事例は確かに存在する。中途退学・転出経験を挫折体験として受け止め、次こそは頑張ろうと一から奮起できない生徒がいる。そして生徒指導上の理由により中途退学に陥る生徒ほどそのようなレジリエンス（回復力）を持ち合わせていない可能性が高い。

4 定時制高校での体験

学校社会に親和性の低い生徒と関係を再構築することが求められるのが中途退学者の受け皿の一つとなっていた定時制高校である。定時制は「戦後、就業等のために全日制高校に進学できない青年に後期中等教育の機会を提供するものとして制度化」されたものであった。現在の定時制（や通信制）の状況は「従来からの勤労青年のための教育機関としての役割だけでなく、多様な学習ニーズへの受け皿としての役割を果たしている。とりわけ、学習時間や時期、方法など自分のペースで学べることから、不登校・中途退学経験者等への学び直しの機会提供など、困難を抱える生徒の自立支援等の面でも大きく期待されるようになっている。さらには、外国籍の生徒や発達障害等の特別な支援を必要とする生徒への対応なども重要な課題となっている」（文科省・中教審資料）と変化している。

私が全日制普通科高校から夜間定時制高校に異動してすぐの頃、校内で授業に出席しない生徒を注意したところ、「誰だよ」と言われ、名前と教員であることを告げると「知らねーよ」と返されたことがある。以前より勤務している別の教員が現れ、雑談を交えながらも授業に行くように促すと彼らは重い腰をあげて教室に向かっていった。異動したばかりの私はしばらく「誰だよ」と言われる日々を送り、新年度には異動してきた教員が同じように言われるのを恒例行事のように見守った。「高校生半ばともなると、教員と冷静に落ち着いたやりとりができる」という所感をもっていたが、一八歳を過ぎても教員に対して対抗心を露わに食ってかかる生徒、挑発する生徒、教員の一言一言に過敏に反応する生徒を前にし、「何が彼らを学校、教員にこう立ち向かわせるのだろう」と考えさせられた。

文字どおり、彼らは私を「知らない」のであり、教師であるという立場は彼らにとって特別な意味をもたず、もっと言えば教師に強い不信感を抱いている場合は、個別に信頼を回復したもの以外は敵であった。相手が教師であれば形だけでも注意を受け入れるような縦の関係性で秩序が保たれている学校社会を生きる生徒とは違い、「知っているかいないか」が彼らにとっては重要であった。このような「知っているかいないか」という観点で教員に接する生徒は、教師は教える立場であり生徒は学ぶ立場であるが、当たり前に生徒が教師の言うことを聞き、敬うことにならないという考えを自己の学校経験から導き出している。

そのような生徒には画一的な指導は無効である。では、どうすればいいのか。教員と生徒という立場を保ちながら水平につながろうとする姿勢を示すことから彼らとの関係構築が始まる。大阪府の高校での三年間のフィールドワークと中途退学・卒業生を追調査した知念渉は「対立だけではない教師との関係」として、一時的にインフォーマルな生徒の態度を許容し、関係構築しながらフォーマルな規範意識を伝えていくという教員の姿を伝えている。

たとえば、前記の事例のように授業を放棄し友人とたむろしていることはどんな理由があっても許されず、まず一言目に注意するのが一般的だろう。しかしこの事例では教員が「何をしているのか」「なぜ出席しないのか」などを最初に聞き、コミュニケーションをとったうえで授業に出席するように促す。これは生徒に迎合していると捉えられるかもしれないが、目的は「生徒が授業に出席すること」である。生徒にとっては事情を確認してもらえたことの納得感も大きい。たとえ自分たちに落ち度があるとわかっていたとしても有無を言わさない頭ごなしの指導を生徒たちは嫌う。授業に出席しないという現象には「授業に出る気がない」という側面もあるが、「学校から出ずに留まっている」という側面もある。声かけ如何ではそのまま授業に出ずに帰ってしまう可能性も高いが、生徒が教室に戻りやすい声かけをすることで意欲を後押しできる可能性があるということだ。

インフォーマルな態度や行為を一時的に許容しながら、一般的学校社会では低いとされる彼らの意欲に付き合い、踏み出すための小さな一歩を提示する。授業に出ることで履修できる、さらに修得すれば進級できる、進級できれば生徒を長期的に指導・支援できる。そのなかで許容した行為が不適切であったこと、どう行動すべきなのかというフォーマルな行動規範を伝えていく。長期的な視点をもち、学校組織の一員でありながらときに生徒と同じ土台に立って生徒と学校の橋渡しとなる教師の存在が定時制では求められていた。この定時制での経験は私にとってこれまでとは違う教師のやりがいを感じさせるものだった。

初任者として全日制高校で勤務していたときは、生徒に厳しくフォーマルな行動規範を伝えること、規範意識がたるまないように叱って負荷をかけるようにしていた。生徒と教師の立場の違いを明確にすることも意識していた。かならず生徒を名字で呼んでいたし、卒業間際にこそ「はらちゃん」と呼ばれるようになったが、あだ名で呼ばれることはよしとしなかった（先生は先生と呼びなさいと指導していた）。若手で生徒と年が近いので打ち解けて生徒と話し、共感はするものの、教員と生徒とのトラブルが社会的に取り沙汰されることも増え、立場として一線を引くように心がけていた。

しかし定時制では一線を引くというより、「生徒と学校の橋渡しとなる役割」になり、「厳しさ」も必要であるが「許す心」も必要であった。伴走者として、生徒が動き出し、走り始めるのを隣で見られるような仕事に（止まったままのことも多いが）やりがいを感じたのだった。

5　困った生徒は困っている生徒

「この学校でなくてもいい」とは、どういうことか。たとえば、規範意識の醸成された生徒が多い学校に喫煙行為や授業放棄をする生徒がいるとする。ここでの「この学校でなくてもいい」という言葉は、喫煙行為や授業放棄をする生徒は、規範意識の高い生徒が多い学校ではなく、規範意識の低い生徒が多い学校に行くことが望ましいという意味にとれる。

しかし学校である以上、喫煙行為や授業放棄が許される学校はない。どこに行っても彼らを待っているのは学校制度である。通信制は各校の違いが大きいが、基本的には提出物を出すことが求められ、全日制・定時制よりも自己管理能力や自己解決能力が必要だ。一方、課題集中校（教育困難校）ではどうかというと、一年生のうちに中途退学する生徒も多く、二年生以降になると落ち着く。中途退学によって学校秩序が保たれるという一面もある。「ここが最後のセーフティネット」をスローガンに生徒支援を続けてきた定時制であっても一年生の半分が退学した年もあり、全員が卒業できるということはなかった。これらの点から「この学校でなくてもいい」「この学校だったらいい」という教員による棲み分けの論理は成り立たない。

定時制の良さは「学校制度」「学校社会」と生徒の橋渡しになってくれる教員がいること、ともに課題を抱える生徒と学校生活を送れる点である。しかし前者のような教員は定時制だけに存在するものなのだろうか。

周囲の生徒への悪影響がある、教員が大目に見ていると思われて示しがつかないと危惧する見方もあるが、教員の対応を「公正さを欠いた贔屓」ではなく「個別の指導・支援」と俯瞰して判断できる高校生もいる。教室ではクラスメイトとして打ち解けて交流するが、校則違反の場面では交わらないという光景も見られる。線引きをして共存する一方、遅刻を繰り返す生徒に電話をかける、放課後の補習に付き合うという場面も見られた。「困った生徒は困っている生徒」ということを生徒たちが感じとり、助けようとすることもある。

6　生徒指導の打開点

「特別指導の件数が減った」という声が現場で聞かれるものの、まったくないわけではない。二〇一五年以降に登場した動画共有ＳＮＳの普及によって、学校でスマートフォンを使用し動画を撮影する生徒の姿が散見されるようになり、盗撮やデータの無断公開など撮影に関連した生徒間トラブルが増加した。盗撮は本人が否定すると指導に結びつけることが難しい。決定的な証拠はスマートフォンのなかにあり、学校関係者では強制的に閲覧することは不可能である。任意で提出を求めても、生徒が教員による言葉を強要と感じる可能性もある。たとえ盗撮の現場を押さえられていても本人が「たまたまスマホがその位置にあっただけで撮っていない」と主張すれば、追及するのは困難だ。被害生徒が納得できない場合は「これ以上学校は何もできないので、警察に届けるしかない」と告げざるを得ない。所持品確認をしていた時代とは異なり、校内で起こったことでも「これ以上は警察に」という言葉を現場で聞くことが増えた。とくに法令違反行為に対する生徒指導は教員から離れつつある。

指導できないことをもどかしく感じる教員の声がある。喫煙も盗撮も窃盗も、現場の状況から当該生徒の言動から行為がかなり明白に推定できていても、アプローチすることは困難になっている。指導の対象がＳＮＳなど可視化しづらい内容にまで波及していること、人権的観点から事情確認にも配慮が必要であり踏み込んだ聞き方ができないことなどが起因している。

以前、喫煙を現認された生徒が事実確認で否認したことがあった。喫煙器具は教員の目を盗んで事実確認の部屋に入るまでに投げ捨てており、喫煙を発見した教員も一人だったため、生徒は教員の見間違いを主張していた。しかし部活の顧問が入室、「やったのか」と一言聞くと、俯きながら「はい」と言った。

この生徒は校外の友人との繋がりが深く、学校に目が向いていなかった。顧問は「このままだと危ないかもしれない（退学してしまう）、部活でできるところまで引っ張るから」と言い、練習に出なくても試合でポジションを与え、活躍の場を増やそうと目をかけていた。他の部員たちは不満を抱きながらも顧問の意図を水面化で理解していた。誰より本人が「練習に出ないのに試合でポジションを与える」という運動部の禁忌《タブー》を冒してまで顧問が歩み寄ってくれることを実感していた。試合に出て活躍し、チームが勝つと本人も他の部員も同様に喜んでいた。
これは証拠を必要としない事実確認であった。このような教師と生徒の精神的つながりが複雑化する生徒指導の打開点となるのではないか。

おわりに

学校を離れる生徒への対応は後手に回る現状だ。気づいたら欠席が重なっている、SC（スクールカウンセラー）やSSW（スクールソーシャルワーカー）を勧めるが展開のないまま未履修となる、中途退学・通信制へ転出となるというケースが多い。これが常態化すれば、学校社会に適応できる生徒は全日制高校へ、できない生徒は通信制へという棲み分け意識の定着に拍車がかかる。もちろんそれぞれの生徒の特性に合った学校があることは事実だが、棲み分け意識によって安易に「欠席がかさむ生徒は通信制があっている」と考えることで今、目の前にある潜在的な生徒指導・支援の機会をいたずらに喪失することになりかねない。

これまでは生徒が問題行動として課題を表出させることで、生徒指導・支援ができた。新生徒指導提要でいう四層「困難課題対応的生徒指導」「課題未然防止教育」、三層「課題早期発見対応」、一・二層「発達支持的生徒指導」という段階である。しかし不登校は四層に至る前に陥るため、一～三層の必要性が増している。そのため、私が勤務する神奈川県では一～三層に対応するためのサポートドックと呼ばれる一斉ヒアリングの仕組みが降りてきた。しかし前記で述べてきたような特別指導（つまり四層「困難課題対応的」）で発揮されるはずの視点、生徒の問題行動を課題として受け止め、その背景を知ろうとする視点をもたなければ、一～三層の生徒指導は形式だけのヒアリングになってしまう。「この学校」で「今」目の前の生徒に最大限にかかわる意識を再確認し、特別指導で重点的におこなっていた生徒理解の深化のプロセスを指導件数の減少により手放すのではなく、不登校につながる潜在的リスクをもった生徒のために網羅的に日々の学校生活でおこなっていくということが今後の生徒指導・支援では必要であると考える。

◉引用文献

文部科学省（二〇二二）『生徒指導提要』東洋館出版社

知念渉（二〇一八）『〈ヤンチャな子ら〉のエスノグラフィー　ヤンキーの生活世界を描き出す』青弓社

文部科学省（二〇二〇）「時代の変化・役割の変化に応じた定時制・通信制課程の在り方に関する具体的論点」https://www.mext.go.jp/kaigisiryo/content/20200622-mxt_koukou02-000008072_7.pdf

第五章◉何のために「教育」するのか

キーワード：主体的・対話的で深い学び／コミュニケーション／リテラシー

天野一哉

はじめに

二昔ほど前のことである。時の首相が国会の所信表明演説で「米百俵の精神」と言い出した。

明治の初め、戊辰戦争に敗れ、その日の糧にも困るほどに窮乏した越後長岡藩は、支藩から米百俵を贈られた。これを藩の大参事（副知事）小林虎三郎は、当座の食糧には当てず、学校設立の費用とした。この学校には士族のみならず庶民も入学できた。この行為、つまり教育がのちの長岡繁栄の礎を築いたといわれている[1]。

行政の長がこの故事を引いたのだから、日本の教育にも先進国並みの公的予算が支出されるものと思ったが、あにはからんや、国民に対して、規制緩和の「痛みに耐えろ」という煽動だった。この首相はともかく、小林虎三郎の考えには現在にも通じるものがある。当然ながら教育にもコストがかかる。小林は、教育は将来のための人材育成であると考えたのだ。そのための投資が米百俵である。

教育には、立場、考えの違いによってさまざまな目的があるだろう。教育基本法[2]はもちろん、文部科学省（以下、文科省）もことあるごとに発信している。ただし、公的見解のみが唯一無二の正解というわけではない。親には親の、教員には教員の目的がある。また社会的要請もあるだろう。この章では「主体的・対話的で深い学び」「コミュニケーション」「リテラシー」をキーワードに、論理と実践を踏まえ、教育、とくに「教育の目的」と「教員のやりがい」について、執筆者一同、読者のみなさんとともに考えていきたい。

1　主体的・対話的で深い学び

文科省が「主体的・対話的で深い学び」という言葉を使い始めたのは、二〇一六年の中央教育審議会（文科省の諮問機関、以下、中教審）の答申からであった。もとはアクティブ・ラーニングの代替語で、二〇一二年の中教審の答申に見える。ではなぜ「主体的・対話的で深い学び（アクティブ・ラーニング）」が二〇一〇年代の日本の教育シーンに現れたのだろうか。

二〇世紀末から二一世紀の初め、世界の変動にともなう教育の変革があった。当時、冷戦の終結によって世界は新たな枠組みの構築が始まり、情報通信技術（ＩＣＴ）をはじめとするテクノロジーの急速な発達によって社会システムが変革の時を迎えていた。知識基盤社会（knowledge based society）の到来である。教育は社会の要請によって変化する。この知識基盤社会への対応が教育に求められることになる。とくにアジア各国でこの動きは顕著であった。ほぼ時を同じくして、中国、韓国、台湾、香港、シンガポール、そして日本でも教育改革がおこなわれた[3]。

当時の教育改革は、一般的には〝ゆとり教育〟として認知されているが、〝生きる力〟教育の方が適切であろう。学習量と学習時間を削減する〝ゆとり教育〟は、学習塾等の宣伝に利用され、ＰＩＳＡ（国際学習到達度調査）ショックとも相まって〝学力低下〟と批判され、後退を余儀なくされた。じつは、二〇世紀末から二一世紀初めの〝生きる力〟教育が現在の「主体的・対話的で深い学び」「アクティブ・ラーニング」につながっている。

一九九六年の中教審の答申では、〝生きる力〟を「自分で課題を見つけ、自ら学び、自ら考え、主体的に判断し、行動し、よりよく問題を解決する資質や能力」と説明している。先にあげた二〇一二年の中教審答申では「学生が主体的に問題を発見し解を見いだしていく能動的学修（アクティブ・ラーニング）」と記され、文部科学大臣の諮問では「課題の発見と解決に向けて主体的・協働的に学ぶ学習（いわゆる「アクティブ・ラーニング」）」と述べられていることから、現在においては、〝生きる力〟を「主体的・対話的で深い学び」で培う、と言い換えることができる。

一九九六年の中教審答申の引用の後段は「自らを律しつつ、他人とともに協調し、他人を思いやる心や感動する心など、豊かな人間性」「たくましく生きるための健康や体力」と続く。これが二〇一七年からの学習指導要領の改定にあたり、次のように整理される。

① 知識及び技能（実際の社会や生活で生きて働く）
② 思考力・判断力・表現力等（未知の状況にも対応できる）
③ 学びに向かう力、人間力等（学んだことを人生や社会に生かそうとする）

これらの「資質・能力」をより明確にするとともに、目的を明らかにするため、その一つのもととなったＯＥＣＤ（経済協力開発機構）の「キー・コンピテンシー（Key competencies）」[4]について見てみよう。

「キー・コンピテンシー（主要能力）」とは、ＯＥＣＤが一九九七年から二〇〇三年にかけて実施した「コンピテンシーの定義と選択」プロジェクトによって策定された国・地域を問わず二一世紀を生きる子どもたちが身につけるべき「資質・能力」の指標であり、以下の三つに分類されている。

① 道具を相互作用的に用いる（Using Tools Interactively）
② 異質な集団で交流する（Interacting in Heterogeneous Groups）
③ 自律的に行動する（Acting Autonomously）

「道具を相互作用的に用いる」の「道具」とは、言語、記号、知識、テクスト、情報、テクノロジーなどを指し、「相互作用的」とは、単に「道具」を受動的に用いるだけではなく、それを活用し、創造するという意味で使われている。

「異質な集団で交流する」については、他者と良好な関係をつくる、チームで協力する、争いを処理し解決する、などの要素で構成される。この「交流（Interacting）」は「他者」という言葉からもわかるように、人種や民族、国家という文化的、政治的「異質性」のみではなく、個人と個人の人間関係の構築をも意味している。

「自律的に行動する」には、大きな展望のなかで行動する、人生計画や個人的プロジェクトを設計し実行する、権利・利害・限界・ニーズを擁護し主張する、が含まれる。

これを日本の教育の文脈に照らし、わかりやすくすると「道具を相互作用的に用いる」は「活用・創造の資質・能力」、「異質な集団で交流する」は「関係性の資質・能力」、「自律的に行動する」は「主体の資質・能力」といえる。つまり「主体的・対話的で深い学び」と対応していることがわかる。もちろん、「活用・創造の資質・能力」が「深い学び」、「関係性の資質・能力」が「対話的」、「主体の資質能力」が「主体的」のように、単純に一対一対応ということではなく、それぞれの要素がそれぞれの資質能力と重複的重層的に関連している。

ここで注目したいのは、ＯＥＣＤが何のために「キー・コンピテンシー」を策定したか、言い換えると何のために「キー・コンピテンシー」を身につけるべきなのかということである。つまり目的である。ＯＥＣＤは以下の二つをあげている。

① 人生の成功（a Successful Life）

② 適正に機能する社会（a Well-Functioning Society）

「人生の成功」には、経済的地位と経済資源（有給雇用、収入と財産）、政治的権力と政治力（政治的決定への参画、利益集団への加入）、知的資源（学校教育への参加、学習基盤の利用可能性）、住居と社会基盤（良質の住居、居住環境の社会的基盤）、健康状態と安全（自覚的・他覚的健康、安全性の確保）、社会的ネットワーク（家族と友人、親戚と知人）、余暇と文化的活動（余暇活動への参加、文化活動への参加）、個人的満足と価値志向（個人的満足感、価値志向における自律性）が含まれる。

「適正に機能する社会」は、経済生産性、民主的プロセス、連帯と社会的結合（社会関係資本）、平和と人権、公正・平等・差別感のなさ、生態学的持続可能性で構成される。

これらの要素、指標を見ると「人生の成功」とは「自己実現（二一世紀的〝発展的〟人権）」であり、「適正に機能する社会」とは「社会変革（二一世紀的〝共生〟社会）」といえるだろう。この二つが世界的な教育目的の潮流となっている。

「キー・コンピテンシー」が登場して、すでに二〇年以上が経過している。そこでＯＥＣＤは二〇一五年から「教育とスキルの未来二〇三〇プロジェクト」を進め、「ＯＥＣＤ ラーニング・コンパス（学びの羅針盤）二〇三〇」[5]を提示した。そこでは「私たちの望む未来」である「個人のウェルビーイング」「集団のウェルビーイング」なる概念が示されている。「ウェルビーイング」とは直訳すると「より良く生きること」となるが、こここでは、二〇三〇年に望むべき個人や集団（社会）の未来像というような意味で使われている。その指標として仕事、所得、住居、ワーク・ライフ・バランス、生活の安全、主観的幸福、健康状態、市民参加、環境の質、教育、コミュニティがあげられている。つまり先に述べた「人生の成功」と「適正に機能する社会」と同様の概念であり、これが教育の目的ということになる。

この目的を達成するために「コンピテンシー」とともに「エージェンシー」という概念が提示されている。「コンピテンシー」には次の三点があげられている。

① 知識
② スキル
③ 態度と価値観

これは「単に知識やスキルの習得にとどまらず、不確実な状況における複雑な要求に対応するための」の概念であり、「より良い未来の創造に向けた変革を起こす」資質・能力と説明されている。つまり「キー・コンピテンシー」の再編ということであろう。

「エージェンシー」は「変化を起こすために、自分で目標を設定し、振り返り、責任をもって行動する能力」と定義されている。簡潔にすると「主体的行動力」というところだろうか。

この二つの資質・能力を総合すると、「キー・コンピテンシー」に比べて、創造、変革、主体性、責任、行動に重きがおかれていることがわかる。ただ、このプロジェクトは完結していないので今後の動向に注目することにしよう。

この節の締めくくりとして「主体的・対話的で深い学び」について若干の私見を述べたい。「対話的で深い学び」については次節「コミュニケーション」で実践とともに取り上げる。ここでは「主体的」について考えたい。この概念は、二一世紀の教育において、非常に重要であるとともに、ある種の危険を孕んでいる。

一九四七年の教育基本法の第一条に「自主的精神」、第二条に「自発的精神」、同年の学校教育法の第十八条に「自主及び自律の精神を養うこと」と書かれている。一方、一八九〇年の教育勅語には「一旦緩急アレハ義勇公ニ奉シ以テ天壌無窮ノ皇運ヲ扶翼スヘシ」とともに「進テ公益ヲ廣メ世務ヲ開キ」とも記されている。これは「自主的に世の中のために尽くせ」という意味であり、「主体的になせ」とお国が命じていることになる。

ここには、日本の教育における「主体」をめぐる二つの問題が横たわっている。一つは戦後およそ八〇年にわたって「自主的」に、「自発的」に、「自律」的に、そして「主体的」にと教育し続けてきたにもかかわらず、残念ながら、その資質は十分に育っているとはいえない。なぜか。表向き「主体」性を育むといいつつも、その実態は、まったく逆の児童生徒の主体性を押さえつけるような教育がなされ続けていたからである。例をあげれば、東京都立高校の生徒主体による卒業式が潰されたこと、いまだに「トンデモ校則」や体罰が全国に蔓延していること、そして何より、古い権威主義、偏狭な保守主義から抜け出せない教員や自治体、議員が少数ながら存在し、影響力を行使していることなど枚挙にいとまがない。

もう一つは、教育勅語に見られるように国家による「主体」の押し付けの問題である。これは、無自覚な服従と自己責任論を引き寄せる。フランスの哲学者ミシェル・フーコーは『監獄の誕生——監視と処罰』で「パノプティコン（一望監視施設）」から監視される（見られる）ことによって自ら進んで（ある意味「主体的」に）規律に従う囚人の行動を記述している。近代の学校も、軍隊や工場と同じく監獄と同様のシステムを備えている。内申や推薦のために滅私奉公する生徒たちのいたいけな姿を見よ。

「主体的・対話的で深い学び」も政府、つまり権力側から発せられている以上、その意図について、注意深くクリティカル（批判的）に考える必要がある。とくに教員は自己がおこなっている教育が子どもたちの「主体性」を阻害していないか、常に自覚的でなければならない。

2　コミュニケーション

コミュニケーションの語源はラテン語の「コミュニス（Communis）」といわれている（諸説あり）。「コミュニス」の意味は、「共同の」「共有の」「贈答交換」で、コモン（common）やコミュニティ（community）も同じ語源である。また、前節の「主体的・対話的で深い学び」の経緯を考えるとコミュニケーションは、一般的な「情報伝達」「意思疎通」といった狭義の意味を超えて人間関係そのものにかかわる行為、営みのようである。前節との関連でキーワードを拾い上げると、対話をはじめ、協働的、交流、他者と良好な関係、チームで協力、社会的ネットワーク、連帯と社会的結合などがあげられる。この節では、筆者の実践を紹介しつつ、コミュニケーションを軸に「対話的」について考えたい。

筆者は、大学の講義、連携高校での出張授業、教員免許更新講習等で「主体的・対話的で深い学び（アクティブ・ラーニング）」を実践してきた。そのもととなったのは「プロジェクト学習」である。約二〇年にわたって、アメリカ合衆国をはじめ世界数ヵ国・地域で調査し、日本の実情、対象年齢に合う形に再構築、修正してきた。

ここでは、そのなかでも主に「対話型授業」について紹介する。その前に筆者の「主体的・対話的で深い学び（アクティブ・ラーニング）」に対する視点を述べておく。

一般的にアクティブ・ラーニングは「アクティブ」という言葉のイメージから、なんらかの外的（可視的）「活動」をともなう学習とも解されている。筆者は、「アクティブ」とは、外的（可視的）のみならず、「思考がアクティブ（能動的、積極的）に活動すること」に主眼をおいている。これにより、外見的「活動」に終始するのみのいわゆる〝這いまわる〟アクティブ・ラーニングに陥ることを回避している。

さらに、「問題を発見し解を見いだし」「課題の発見と解決」の「問題」「課題」についても両義的に捉えている。一般的に、この「問題」「課題」とは、学習のテーマとしての「問い（リサーチ・クエスチョン）」と理解されている場合が多いが、もう一つ「学習過程で生起した諸問題」（たとえば、ディスカッションがうまく運ばない、調査方法が非効率、プレゼンが凡庸等々）をも指すと考えている。既存の学習では、後者の「課題」の解なりアルゴリズム（方法）があらかじめ教育する側から「提供」され、学習者は、そのストーリー（指導案）に従って、前者の「課題」解決に取り組む。これでは伝統的な「調べ学習」と大きな違いはなく、生きる力、キー・コンピテンシー等の「資質・能力」の獲得、「能動的（積極的）な学習形態」の展開には結びつきにくいであろう。そこで後者の「課題」の解なりアルゴリズムも学習者が試行錯誤のなかで導き出すように授業を設計している。

筆者は、どのタイプ（大学生、高校生、教員）の授業でも、冒頭はアイスブレイクを実施している。これは文字どおり、緊張をほぐし、学習者同士の関係を構築しやすくするためであるとともに、その後の課題設定やグループワークに導くように工夫している（ブレインストーミングの機能）。たとえば基本的な自己紹介にしても、学習者の「興味・関心、必要性」を盛り込ませる、一方通行の情報伝達に陥らないために自己紹介をするだけではなく他者の自己紹介を聞いて称賛する。また場所がある程度確保できる場合は、「興味・関心、必要性」をテーマとしたゲーム性、身体性のあるものもおこなってきた。

次に、節のテーマがコミュニケーションであることと紙幅の都合上、課題設定等の個人ワークは割愛して、グループワークについて述べることにする。

グループワーク、とくに少人数による「話し合い」について、よく「やればいいというものではない」という指摘を耳にする。グループワークの失敗事例として、教員の指導不足によってグズグズグダグダの「話し合い」になってしまうからであろう。しかし、このグズグズグダグダの「話し合い」こそ重要である。グズグズグダグダの「話し合い」に陥らないために教員は、事前に「話し合い」方を指導し、シナリオまで作ってしまう場合がある。これはこれで教育効果もあり、全否定するつもりはないが、先にあげた「課題」の解なりアルゴリズムがあらかじめ教育する側からの「提供」の罠にはまってしまうことになる。学習者の習熟度にもよるが、初めの「話し合い」については、あまり教員が介入せず、学習者にグズグズグタグタの「話し合い」を経験させた方がいい。つまり「失敗」「つまずき」を体験させるべきである。この「失敗」「つまずき」から「話し合い」方の課題、問題点を学習者自身に発見させ、その改善策を考えさせることによって、自分自身のコミュニケーション能力を獲得し、主体性の扉を開かせることになる。

この「話し合い」に基づき、個人の省察、全体での情報共有、改善策の構想のサイクルを幾度か繰り返し、段階的にコミュニケーション能力（この場合は「話し合いの技法」）を身につけさせていく。

この学習者による「話し合い」型グループワークの自己構築をある程度おこなったところで次に「ロールプレイング」を実施する。これはプレゼンテーター（発表者）が自己の考えや企画について、意見表明したことに対して、他の参加者が応答することによって、プレゼンテーターの考えを弁証法的あるいは「相互作用的」にブラッシュアップするとともにコミュニケーション能力の基本機能を体感、演習するものである。役割は「プレゼンテーター」「ファシリテーター」「ペアレント」「コーチ」「アドバイザー」の五役である。

「プレゼンテーター」は、前述のとおり、自己の考えや企画を発表する。初期の段階では、自己の趣味や、ある問題についての感想等、一言二言でも構わない。

「ファシリテーター（促進者）」は、深いファシリテーション・スキルがなくても、はじめは司会進行ができればよい。

「ペアレント（親）」は、先の自己紹介のところで述べた「称賛」をする。〝親バカ〟になってプレゼンテーターの発表を、どこがどのようによかったのかを褒めまくる。これによってプレゼンテーターのドーパミンやセロトニンなどの脳内物質を分泌させるとともに「話し合い」を活性化させる。

「コーチ（質問者）」は、これも深いコーチング・スキルがなくても、質問ができればよい。一般的にコーチは、指導者と認識されているが、ここでは質問することによってプレゼンテーターの潜在的能力を引き出す役割を担う。つまりコーチングの根幹理念である「答えは学習者の中にある」を実践する。ただ「潜在的能力を引き出す」方略がなくても、疑問をぶつけるだけでも構わない。なぜなら学習者は、単純な、あるいは基本的な質問をされるだけでも思考を促されるからである。また、その質問に答えられなければ再考・再調査の必要を感じるだろう。

「アドバイザー」は、文字どおりアドバイス（助言）をおこなう。これも、最初の段階は、適切な助言でなくても感想やコメントの類で構わない。学習者は他者のコメントにより、自分以外の視点を得られる。

この他に、ただひたすらメンバーの話を観察する「オブザーバー」、他のグループの対話を偵察する「スパイ」、わざと対話を混乱させるような発言をする「デストロイヤー」など習熟具合、人数によってさまざまなロールを考案できる。人数が少ない場合は、ファシリテーターとペアレント、コーチとアドバイザーが兼任したり、ファシリテーターかアドバイザーの役割を削ったりする。

もう一つ、「カクテルパーティー」という対話のフォームを紹介しよう。これまで三人以上のグループワークについて述べてきたが、この「カクテルパーティー」は一対一の対話である。参加者は、片手に自己の考えなり企画なりが書かれたペーパーを持ち、もう一方の手にはカクテルではなく缶コーヒーでもお茶の入った水筒でも、何か飲み物を持ち、目が合った人と乾杯、自己紹介や世間話をして、考え、企画を説明する。聞き手は、先のロールプレイングのいくつかのスキルを使って応答する。次に説明者と聞き手が交代して対話する。終われば、別の相手を見つけて、同じことを繰り返す。同じことと言っても、考え、企画の説明は、一回目の対話を踏まえ、わかりやすく言い換えたり、説明を追加したりしても構わない。これを時間内で何人か自己の説明をするとともに相手に応答する。

ただ、これら「対話型授業」には注意も必要である。障害等によって話すことができない人、話すことが困難な人もいる。そのような人たちに対する「合理的配慮」は欠かせない。口頭で「話す」だけがコミュニケーション、対話ではない。手話でも筆談でも、チャットやメタバース等のＩＣＴを使ってもいい。ただし、単に「話す」ことが苦手だとか嫌いという人には別のアプローチが必要だろう。これは、他の教科と比較するとわかりやすい。たとえば、読み書き計算は、苦手だとか嫌いでは済ませられない。なんとか、できるように導くのが教員の仕事である。なぜなら、読み書き計算ができなければ、その子は将来、不利益を被る可能性が非常に高くなるからである。コミュニケーションも同様である。

この節の冒頭で、コミュニケーションの語源について述べた。コミュニケーション、対話を教えること、学ぶことは、共生や共感を教えること、学ぶことであり、〝生きる力〟を身につけ、「二一世紀的〝発展的〟人権」を獲得し、「二一世紀的〝共生〟社会」を構築することそのものであろう。

3 リテラシー

前述のOECDは「キー・コンピテンシー」を測定するPISA（国際学習到達度調査）において、読解力、数学的リテラシー、科学的リテラシーの三分野のテストを実施している。この影響もあり、リテラシーという言葉が一般的にも認知され、教育の世界でも大きな潮流となっている。書籍のタイトルを一瞥してもメディア・リテラシー、ネット・リテラシー、データ・リテラシー、情報リテラシー、金融リテラシー、果てはワイン・リテラシーと枚挙にいとまがない。もはや、何でもアリの様相さえ呈している。

もとは「読み書き能力」という意味だが、いまでは、単なる知識に留まらず、当該分野における活用能力を指す場合が多い。よってリテラシーの頭につくものは「何でもアリ」なのである。

筆者はアクティブ・ラーニングの一つのテーマ、具現化としてメディア・リテラシーや情報リテラシーの実践授業に携わってきた。現在は、その延長で「未知へのリテラシー（Literacy for the Unknown）」教育のプログラム構築に取り組んでいる。ここでは、その実践の一端を紹介しながらリテラシーについて考えたい。

内閣府によれば「我が国が目指すべき未来社会の姿」は「Society 5.0」[6]なのだそうだ。「サイバー空間とフィジカル空間を高度に融合させたシステムにより、経済発展と社会的課題の解決を両立する人間中心の社会」で

「サイバー空間において、社会のあらゆる要素をデジタルツイン（仮想空間での複製）として構築し、制度やビジネスデザイン、都市や地域の整備などの面で再構成した上で、フィジカル空間に反映し、社会を変革していく」[7]としている。仮想空間の技術革新によって現実世界の問題解決を図る世の中にする、ということらしいが、う〜ん、なんだかよくわからない。やはり、はっきりわからないのが未来である。とはいいつつも、未来は確実にやってくる。いま、この瞬間も未来は現在となり、新しい未来が夜空ノムコウで待っている。

仮想空間にしろ、現実世界にしろ、これからも新しいもの、新しいことが次々と現れるだろう。新しいもの（こと）、つまり新しいテクノロジー（技術）やシステム（制度）は、自分や周りの人を幸せにするかもしれないし傷つけるかもしれない、世の中をよりよくするかもしれないし悪くするかもしれない。有史以来、どんな革新的な発明も道具も制度も、人を苦しめなかったものはない。原子力や蒸気機関は言うに及ばす、印刷技術から民主主義、棍棒でさえもである。道具は使いようである。私たちがまだ知らないこれから登場する新しいもの（こと）とどう付き合うかは、あなたの人生、これからの社会を左右する重大事である。とくに人生一〇〇年時代を迎えるいまの子どもたちは、私たちの想像を絶する新しいもの（こと）と遭遇することになる。人類は、その未来に適応し、そして、あるべき未来を創造していかなければならない。

そのためには「未知へのリテラシー」が不可欠となる。しかし、リテラシーは活用能力であるから対象が文字どおり未知である「未知へのリテラシー」は、解もアルゴリズム（方法）も誰にもわからない。ただし、過去と現在の事例や経験から学ぶこと、推論することはできる。

①　生成ＡＩに宿題（読書感想文）を手伝わせるならどこまでＯＫか。

②　ＳＮＳに、ある有名人 or 知り合いの「秘密」が書いてあった。さて、どうする。

右の二つは、「未知へのリテラシー」プログラムの導入部として学習者に出題している問いである。生成Ａ

ＩもＳＮＳも未知ではない。現在、直面している新しいもの（こと）であるが、今後の展開は未知である。一応、ＩＣＴリテラシーやメディアリテラシーは存在するが現在進行形で模索中だし、社会の状況を見ると多くの人がリテラシーを身につけているとは言い難い。実際、この問いにはさまざまな解、アルゴリズムが見られる。これら既知の事象、そして、その発展途上のリテラシーから「未知へのリテラシー」のポイントを見つけようという試みである。これらから、いくつかヒントが見つかるが、ここでは、その一つ、柱になる考え方をあげておこう。それは「クリティカルシンキング（批判的思考）」である。

日本では「批判」という言葉を冠すると非難や否定と混同され、負のイメージがつきまとう。しかし、それは、マウンテンゴリラ[8]になることでもなければ、対象を潰すための攻撃でもない。是非を判断するということである。しかも論理的（根拠がある）であること、創造的（対象をよりよくする）であることが必須要件である。つまり、無批判、無条件に受け入れるのではなく、自己や他者のためになるのか、世の中に役立つのか、といった指標に照らして吟味した上で意思決定し、行動するということである。これは先にあげた「何でもアリ」のリテラシーのすべての核になる。ということは「未知へのリテラシー」の根幹をなす可能性が期待できる。

③　未知のテクノロジーorシステムを予想して、その「トリセツ（取扱説明）」を考える。

④　未知の職業を予想して、その職業に必要な「資質能力」を考える。

右の二つは、ある程度、クリティカルシンキングをはじめとするさまざまなリテラシーを学んだのちに、その応用として「未知」の事象に対する問いである。一人で考えるのはもちろん、前節であげたグループワークで考えるのもいいだろう。ただ、重要なことは個人ワークにしろ、グループワークにしろ、一旦出た解（仮説）でよしとするのではなく、考え続けることである。一般的なワークの場合、答えが出れば、次のワークに進み、発展させるのだが（それも否定はしない）、「未知」への対応の考察は、当該の事柄に対して、多面的にアプローチし、仮説を検証し、あるいは新説を立案し、より広く、より深く学びを継続する。

たとえば『ドラえもん』に登場するひみつ道具であるタケコプターに対して、空の交通ルールを整備する、という解が出たとする。しかし、現在でも交通ルールは存在するが事故は後を絶たない。そこで、空の交通ルールの教育や啓発が必要になる。また、事故が発生したとき誰が責任を負うのか、事故を起こした当時者はもちろん、製造者、政府の責任はどうか。人体や環境への負荷はないのか。そもそも他者の生活圏の上空を飛ぶことが許されるのか。まだまださまざまな問題があるだろう。このような学習を繰り返し、固定的な統一理論ではなく、学習者一人ひとりの自分なりの「未知へのリテラシー」を身につけてもらいたいと思っている。

ただ、この「未知へのリテラシー」教育の研究は始まったばかりなので、関係者、読者諸氏の協力を得つつ、時と場を変えて詳しく報告したいと考えている。

おわりに

この章では、主体的・対話的で深い学び、コミュニケーション、リテラシーをキーワードに「教育の目的」と「教員のやりがい」について考えてきた。答えはまだ彼岸の彼方かもしれないが、結びに替えて、かつて教員免許の更新講習で締めくくりの言葉としていたシェイクスピアの『リア王』の一節を記す。

When we are born we cry that we are come
To this great stage of fools.
人間、おぎゃと泣いて生まれてくるのは、
阿呆ばかりのこの世界に、引きずり出されたのが悲しくって泣いているんだ。(9)

人間、生まれ落ちたときに泣くのは仕方ない。しかし、その子が小学生になっても中学生になっても高校生になっても泣き続けているとしたら、それは我々先に生まれた者の、大人の、親の、そして教育に携わる者の責任である。

泣き続ける子どもが世界からいなくなることを願って教育したい。

米百俵が教育のために使われることを求めて行動しよう。

◉註

（1）長岡市ホームページ「米百俵」の精神
https://www.city.nagaoka.niigata.jp/kurashi/cate12/kome100/kome100.html

（2）教育基本法第一条（教育の目的）「教育は、人格の完成を目指し、平和で民主的な国家及び社会の形成者として必要な資質を備えた心身ともに健康な国民の育成を期して行われなければならない。」以下「教育の目標」については紙幅の都合で割愛するが文部科学省ホームページで参照されたい。
https://www.mext.go.jp/b_menu/kihon/about/mext_00003.html

（3）詳細は拙著（二〇一三）『中国はなぜ「学力世界一」になれたのか――格差社会の超エリート教育事情』（中央公論新社）に書いたので参照されたい。

（4）ドミニク・S・ライチェン、ローラ・H・サルガニク（二〇〇六）『キー・コンピテンシー』立田慶裕監訳、明石書店

（5）OECDラーニング・コンパス（学びの羅針盤）二〇三〇
https://www.oecd.org/content/dam/oecd/en/about/projects/edu/education-2040/concept-notes/OECD_LEARNING_COMPASS_2030_Concept_note_Japanese.pdf

（6）内閣府 Society 5.0
https://www8.cao.go.jp/cstp/society5_0/

（7）カッコ内の補足は筆者

（8）マウントをとるために他者の言動をあげつらう人のことを揶揄する若者言葉。マウゴリとも

（9）『リア王』第四幕第六場より。翻訳筆者

第Ⅱ部

【座談会】

教育の何が問題なのか？
著者たちの実体験より

◉中教審答申と学習指導要領

手島　座談会ではみなさんの問題意識に沿って教育の全体像を探っていきたいと思います。私は全体像を考えるには中央教育審議会答申を読むことだと思います。学習指導要領を読んでも教育の全体像はわかりません。学習指導要領は教育内容と教育方法に言及していますが、全体像というわけにはいきません。

中央教育審議会答申を取り上げるなら、まずは二〇一六（平成二八）年の中央教育審議会「幼稚園、小学校、中学校、高等学校及び特別支援学校の学習指導要領等の改善及び必要な方策等について（答申）」（以下、二〇一六答申とする）です。それを元に最新の学習指導要領が作られ、二〇二〇年度から小学校、二〇二一年度から中学校、二〇二二年度から高校が新学習指導要領に依拠した教育課程になりました。また、その後、新型コロナウイルス感染症によるパンデミックで世界が混乱状態に陥っている二〇二一（令和三）年に「『令和の日本型学校教育』の構築を目指して～全ての子供たちの可能性を引き出す、個別最適な学びと、協働的な学びの実現～（答申）」（以下、二〇二一答申とする）が出されました。これは新型コロナウイルス感染症という経験を踏まえ、二〇一六答申を補強する重要な答申になります。

二〇一六答申は「我が国の近代学校制度は、明治期に公布された学制に始まり、およそ七〇年を経て、昭和二二年には現代学校制度の根幹を定める学校教育法が制定された。今また、それから更に七〇年が経とうとしている」という文章から始まります。明治期の学制は日本における近代学校制度のはじまりを告げ、戦後の教育改革は戦前・戦中の軍国主義教育に別れを告げました。七〇年というスパンを意識しながら書かれた二〇一六答申は、「新しい時代にふさわしい学校教育の在り方を求めていく必要がある」としています。確かにグローバル化と急速な情報化や技術革新は、大きな時代変革を求め、教育の在り方に変化を求めています。とはいえ、二〇一六答申はまだコロナ禍以前の答申でした。

新型コロナウイルス感染症の経験が時代の変化を加速させました。感染症対策として他者との距離が求められ、教育の場でも遠隔（distance）ということが言われ始めました。日本では教育における「密着」が常に求められ「遠隔」は排除されてきましたが、そうした意識は徐々に薄まりました。

手島

二〇二〇年三月二日に始まった一斉休校（正確には一斉休業）も衝撃的でした。この状況を踏まえ、二〇二一答申がなされます。二〇一六答申が現在の学習指導要領の原型を作り、二〇二一答申は二〇一六答申を補足しつつ、新型コロナウイルス感染症におけるパンデミック後の教育の在り方を模索したのです。しかし、そう簡単にいくわけではなく、二〇二一答申の「予測困難な時代」という言葉が、教育の在り方の見通しの悪さをよく説明しています。

金澤　手島さんの話を聞いて最初に感じたのは、今回のこの学習指導要領をめぐって、特異な状況があるんじゃないかなということです。手島さんの分析にあるように、確かに中教審答申は学習指導要領に直結していきます。ところが経済産業省の動きも無視できません。二〇一六答申と二〇二一年の「令和の日本型学校教育」の間に経産省からいくつもの教育政策が出ていて、さらにそれに呼応するように文科省も教育政策を出してきました。その流れのなかで文科省は経産省寄りに大きくシフトチェンジしていると見て取れます。

二〇一六答申から「令和の日本型学校教育」の間には経産省の関与がありました。しかし、文科省は「令和の日本型学校教育」を打ち出します。これは手島さんが言うようにコロナのパンデミックが転機となりました。明らかにここで学校の存在意義が高まった。つまり、学校に行くことは結構いいことだったんじゃないかという逆ねじが入ったんですよね。それまでは未来の学校の在り方として経産省は「個別最適化」で個別にやっていこう、要するに学校を縮小しよう、特別活動からは手を引こうという考え方です。部活も民間委託すればいいというわけです。そうやって学校からどんどん手を引いていく、お金もかからない、そして市場も広がる、というのが経産省の路線だった。

しかし、明らかに二〇二〇年から風向きが変わった。学校って福祉的な要素があって、じつは行くことがすごく大切だったよねとなった。「家に子どもがずっといると大変でしょうがないよ」みたいな感じで。給食がなくなってご飯も食べられないというようなこともあった。つまり、経産省の動きがありましたが、それがコロナパンデミックで文科省側に大きく流れが戻ったのではないでしょうか。

私は個別最適化で経産省の思いどおりにやったらアクティブ・ラーニングはできないのではと思っていました。ところが、この「令和の日本型学校教育」では「個別最適な学び」に「協働的な学び」が加えられた。明らかに政策の練り直しがあって、学校に行くことを大事にするということも含めた折衷案的になった。そのあたりが考察のポイントの一つになるのではないでしょうか。

天野 金澤さんがお話になった経産省と文科省の関係ですが、のちにＰＩＳＡ（国際学習到達度調査）の元となるＯＥＣＤの「コンピテンシーの定義と選択」プロジェクト（第Ⅰ部　天野担当第五章参照）に文科省が乗り遅れてしまったという背景があったと思います。その後、ＰＩＳＡ

やキー・コンピテンシーが注目され、政治参加や人権とともに、経済的な自立の面での教育も、とても重要なんだ、ということで、経済的な人材育成という側面から経産省が教育分野にも前面に出てきました。当時、経産省は、同様の観点からシチズンシップ教育やキャリア教育にも力を入れ、社会人基礎力も策定して広まりましたね。そんな流れが二〇一〇年代の前半位まであったと思います。

原　経産省がぐいぐい食い込んできているなというのは現場でも感じます。一人一台パソコンの話が急にふってきて、当たり前のように全生徒に購入を強いています。入学に際して一人一台パソコンを用意するよう呼びかけるのですから、授業で時々しか使わないというのは生徒にとってあんまりです。教員には「使わせなきゃいけない」という意識がうまれます。モノがあるから使わなきゃという思考に陥るという側面があるなと。ただ、「何のためにパソコンでスライド作らせるんだっけ」というところが曖昧になりやすいと感じます。

教科でも外的資源、デジタルコンテンツを扱うようになりました。たとえばスタディーサプリ（リクルートが提供しているオンライン学習サービスのこと。以下「スタサプ」と表記）があげられます。授業で扱った文法をスタサプの動画視聴とウェブテストで復習させるなどの用途です。こちらも使用料を生徒に払わせているわけですから、ある程度は使わせなくてはと教員側も思い始めます。結果、「スタサプがあるからこの教材はいらないんじゃないか」という話になります。コンテンツありきで教材を選ぶ場面もありました。ＩＣＴ・デジタルコンテンツの活用自体は良い

原

のですが。

最近とくに驚いたのは、生成ＡＩで大学の志望理由書を書くコンテンツを開発している会社から直接学校にモニターの依頼があり、「先生方、もし興味がある方がいたら研修に参加してください」って管理職が言ったことです。授業で生成ＡＩを扱う先生はちらほら出てきましたが、生徒が生成ＡＩに依存しないよう、授業でも気を遣いながら取り扱っているようです。生成ＡＩはＩＣＴ教育で今後伸びてくる分野ではあるものの生成ＡＩで大学の志望理由書を書くことはタブー視されている現場で「教員に大手をふってモニター依頼をかけてくるとは」という感じで職員室がちょっとざわつきました。それはじつは教員用のサービスで、生徒の志望理由書の添削をアシストするという名目でした。実際、「自分は国語科じゃないから志望理由書の指導とかちょっとできないかな」という教員の声もあります。そういうときに生成ＡＩに聞いて書いてみる。それを見て生徒に指導するというシステムです。誰もが添削指導できるということです。

井上　教育産業の侵食みたいなのがすごいんですね。でもそれは公教育の側も承知のうえで、公教育への侵食をともに作り上げてきちゃったんじゃないのでしょうか。

手島　金澤さんの意見を念頭に置いて、もう少し中教審答申のこと、さらに学習指導要領のことを話させてください。学習指導要領の存在は、全国どこにいても同じ質の教育が受けられるという いい点があり、日本の教育に大きな進展をもたらしたことは事実です。しかし、教育活動を画一化してしまうという危険性もあります。細部にわたり強制力を生じさせている側面もあります。今回改訂された学習指導要領は細かい指示が多く、そのために頁数も大幅に増えています。多忙な教師がどれだけしっかり読み込むことができるのか疑問ですね。

学習指導要領の変遷をたどると、その内容は時代の変化に対応していることが読みとれます。日本が高度成長期にあった時代から低成長の時代に入り、集団から個への教育的対応の必要性が求められ、「生きる力」をどう育んでいくかに焦点が当てられてきました。道徳の教科化や小学校からの英語教育なども時代の要請に対応したものですが、拙速ではないかなどの批判もあります。

近年、「ゆとり」か「詰め込み」か、という論争が起きました。「詰め込み」だけの教育では考える力を喪失させてしまうということで「ゆとり教育」が導入されましたが、ＯＥＣＤの学力調査によって日本の学力が低下しているという時期にも重なり、この「ゆとり教育」は否定されていくことになります。しかし、「詰め込み」でいいわけではない。それゆえ、二〇一六答申は「特に学力については、『ゆとり』か『詰め込み』かの二項対立を乗り越え」という形で、やや抽象的ですが、どちらかに与することなく論じています。

繰り返しになりますが、二〇一六答申は現行の学習指導要領の原型です。そこには学習指導要領に繋がるいくつかの重要だと思われる点がありますので、四点に絞って説明します。

一点目は、人工知能（ＡＩ）についてです。人工知能についてはかなり意識した記述がありますす。それは、二〇一六答申の「註」に表記されています。以下、引用します。

子供たちの65％は将来、今は存在していない職業に就く（キャシー・デビッドソン氏（ニューヨーク市立大学大学院センター教授））との予測や、今後10年～20年程度で、半数近くの仕事が自動化される可能性が高い（マイケル・オズボーン氏（オックスフォード大学准教授））などの予測がある。また、２０４５年には人工知能が人類を越える「シンギュラリティ」に到達するという指摘もある。

このくだりは衝撃的でした。私はシンギュラリティなどこないだろうと思っていましたが、近年の生成ＡＩの状況を見るとその到来もあり得るかもしれないという不安に駆られます。

二点目は「何ができるようになるか」ということについてです。今までの学習指導要領で「何ができるようになるか」という点に焦点を当てることはありませんでした。これまでの学習指導要領は教育内容を示しても「できる、できない」についてはいわば学習者に任された形でしたが、今回の答申では、「何ができるようになるか」にも多くの記述があります。児童生徒はさまざまな学力を有しています。それを「何ができるようになるか」という一律の基準で判断するのは疑問です。たとえば、高校生で微分積分などが苦労なくできる生徒がいる一方で、分数計算ができない生徒がいます。それを「何ができるようになるか」という一律の価値でしばっていいものでしょうか。

三点目は、「主体的・対話的で深い学び」についてです。「主体的・対話的で深い学び」は、もともとは「アクティブ・ラーニング」と呼ばれていました。しかし、方法論にこだわりすぎて「活動あって学びなし」と批判されることになります。そこで「アクティブ・ラーニング」という言葉を避けて、「深い学び」という言葉が加わった。しかし、どちらにしろ、こうしたことは教育方法です。本来、教育方法は教師に任せてきたのですが、そうではなくなっています。

四点目として、「カリキュラムマネジメント」があります。その具体的な内容は、教科横断的な視点、ＰＤＣＡサイクル（「業務改善」を示す用語で、Plan, Do, Check, Action のこと）の確立、外部資源の活用等です。確かに教科横断的な視点は重要です。たとえば英語を例にあげても、英語の単語を知っているだけでは、英文を読解できないことが多いです。英文で書かれている内容は社会や理科の内容が多く含まれる。その見識がないと焦点がぼやけた解釈しかできない。学問分野でも学際的な研究が求められています。しかし、ＰＤＣＡサイクルの形だけの応用や外部資源のルールを踏まえない活用はすでに課題が出ているのです。

二〇一六答申後に世界を襲った新型コロナウイルス感染症によって世界は大きく変動することになります。いわばアナログ社会からデジタル社会への変換です。こうした事態に対応すべく、教育の在り方も変化せざるを得ません。

二〇二一答申（概要）では、日本型学校教育の成果として「学校が学習指導のみならず、生徒指導の面でも主要な役割を担い、児童生徒の状況を総合的に把握して教師が指導を行うことで、子供たちの知・徳・体を一体で育む『日本型学校教育』は、諸外国から高い評価」を受けているとしたうえで、個別最適な学びと協働的な学びを実現するように求めています。個別最適な学び（個に応じた指導）ではＩＣＴの活用が重視されていますが、「個別最適な学び」が孤立した学びにならないように「協働的な学び」が併置されています。時代は目まぐるしく変化するので、二〇二一答申は二〇一六答申の不足部分を補い、現行の教育の土台を形成しようと試みています。とはいえ、「一斉授業か個別学習か、履修主義か修得主義か、デジタルかアナログか、遠隔・オンラインか対面・オフラインかといった、いわゆる『二項対立』の陥穽に陥らないことに留意すべきである」と白黒をはっきりさせない点も特徴になっています。あらゆる場面で「予測困難な時代」において明言することが憚られるのだろうと思います。

時代は目まぐるしく変わるということもあって、すでに新しい学習指導要領の検討に入りはじめました。「予測困難な時代」はさらに拍車がかかっている状況のなかで、どう教育を曳航していくのだろうかと思います。

金澤　学習指導要領には法的拘束力があります。ただし大綱的な基準であって、生徒とか地域の実態に即して学校が教育課程を作るものだと明確に書いてあります。それにもかかわらず、文科省の指導があるから、それを実施しようとして学校現場ではつらい思いをしています。学習指導要領が告示された以上、法的拘束力をもつのですが、あくまで大綱的な基準です。原理原則のところをもう一回捉え直すことが必要なのだと思います。地域や子どもの実態を見て、教育課程を学校が作るということにもう一回立ち戻って大切にしていきましょうということです。学習指導要領は一九五八年以前は試案でした。それまでは学校には豊かなカリキュラム運動がありました。国立教育政策研究所の資料によれば七～九割ぐらいの学校が独自の教育課程をみんなで作ろうと頑張っていたそうです。それを一九五八年で政策的につぶしたともいえます。そこを確認しながら、でも大綱的な基準としての文言なんだってことはこれからも言い続けていきたいなと思うのです。学習指導要領は大綱的なんだということを言い続けることが大切なのではないでしょうか。

天野　歴年の学習指導要領、中教審答申を見て、細かいところは別にして、基本は変わってない感じがするんですよね。新しいマジックワードをポンポン出して、変わってるように見せていますが、「世の中がどんどん変わっているので新しい資質能力をつけろ」という点は変わってない。それでいて、教員が新しい資質能力を養うために学習指導要領と違った先進的な試み（とくに「政治教育」「性教育」）をすると、管理職なり、教育委員会なり、あるいはコンサバティブな議員なりが文句を言ってくる。学習指導要領を錦の御旗にして、教員の挑戦を何十年もつぶしてきた。そのせいで「政治教育」「性教育」は国際的に周回遅れ、ガラパゴス化してしまった。ただ、それは乗り越えられるはずで、教員、学校、児童生徒、保護者、地域が手を組んで、カリキュラムマネジメントを盾に教育課程の創造をやるべきだと思いますね。やはり「教育は現場でおこなわれている」のですから。

◉人権教育

手島　第Ⅰ部では人権教育について多く書かれています。これは言ってみれば教員が真摯に児童生徒の伴走者になっていく、ひとつの形だと思います。教員のやりがいともつながっていますが、忙しすぎるとなかなかできない面もある。とりあえず人権教育ということで、同和教育とか、外国につながる生徒への教育、インクルーシブ教育、貧困問題とかいろいろあるので、まず井上さんから口火を切っていただいてよろしいでしょうか。

井上　人権教育・マイノリティの教育という観点で書きました。ポイントは、学校のなかの多数派ではなくて少数派の困っている生徒たちを中心にして学校を見ていかないと、そういう人たちは締め出されたり置き去りにされたりしがちで、学校自体も変わっていかない。そこをちゃんと見据えて大切にしていきたいという気持ちがありました。それで最初にも書いていますが、人権教育といっても差別の問題を考えておかないと人権教育は語れない。人権教育について学校発表などを見ると、「優しい言葉遣いを子どもたちに教える」「草花を育てる」とか、そういうことを

井上

小学校からやって、「命の大切さを育んでいじめをしない子に育てましょう」と言ってますが、中学高校段階になってくると差別の問題を考えさせないといけないということです。もう一つ大きな課題は、締め出されている子たちを大切にすることもそうですが、それと同時に、締め出す側、無意識に締め出してる側、先生も生徒も含めてそういう人たちが変わっていかないとダメなんじゃないかという視点も入れて、書いたつもりです。

手島 なぜ学校でマイノリティのことを中心にやらなきゃいけないのか、一般の生徒のことを考えないでマイノリティのことばっかり考えるのはおかしいんじゃないんですかと言われたら、どう答えますか。

井上 マイノリティを大切にしない社会になると、他者に対して無関心な人たちで構成される社会になっちゃうと思うんですよね。困ってる人たちのことは知らない、どうでもいい、そんな人いるのかみたいな。そうなるとお互いに無関心になって社会の問題に目を向けず、自分のことしか考えない人たちで構成される社会になっていく。そうすると、社会問題が放置されることにもつながっていくし、困ってる人たちを大切にしないで生きていたらマジョリティも自分自身を尊敬できなくなってしまう。それを生き方として考えてもらいたいというか、生き方というとちょっと大きくなっちゃうけど、マジョリティが社会に無関心になるのは避けた方がいい、そういう感じですね。

天野 マイノリティの人たちが困っている部分をマジョリティの人たちは困ってない。しかし、そこを埋めるのは、教育では合理的配慮なんですね。

天野

手島　じゃあなぜ合理的配慮をしなきゃいけないんですかと問われたらどう答えますか。

天野　社会のなかで何のために教育するかというと、まず子どもたちの自己実現と、それから共生社会の構築、これが二大目的です。マイノリティの子たちは自己実現が非常にしづらくなっている。これはやはり合理的配慮によってサポートすべきですね。次に社会全体が公正な共生社会を目指すならば、マイノリティであり、マイノリティになる可能性がある。マイノリティの権利をしっかり保障することが基本です。誰もが何かの領域ではマイノリティであり、マイノリティの権利保障、配慮は、教育、民主主義の根幹であると思います。

手島　ちょっと挑発的に質問しましたが、私は次のように考えます。マイノリティはマイノリティのいろいろな社会的背景とか家庭的な背景がありますよね。それを放置するとどんどん荒れてきたり非行に走ったり、言ってみれば社会から遊離して弾かれていくようになり、社会問題も起きてきます。社会問題が起きてくると、やはりわれわれを含めた社会が混乱していく。かつて「ブラック企業」が話題になった際、そこで働いている方たちが精神的に病んだり、医療費がかかったりして社会が混乱していくのは、誰にとっても良くない。そうした観点でマイノリティの方たちをサポートすることによって社会の全体的な格差を減らし、社会を良くする役割が教育にはあるだろうと思うのです。高校では教育困難校や定時制高校では必死になって生徒をサポートするのが使命だった。そこに教員のやりがいを感じていたところがあるのかなと思います。私も定時制高校とか全日制の教育困難校で自分なりに頑張ってきた自負があります。一面的に否定する気はありませんが、進学校に行って大学受験させることだけが教育じゃないとは思っています。

天野　今のお二人のお話を聞いていて思い出したことがあります。アメリカで学校を取材していると、アフリカ系やヒスパニックのマイノリティの子を支援する学校が多くあって、なぜそういうことをするかというと、その子たちを助けるのはもちろんですが、マイノリティの子たちを社会的に放置するとギャング化して、コミュニティが非常に荒れてしまう。つまりマイノリティの子たちを放置することは、やがて中間層の人々にも被害を及ぼし、社会を成り立たせなくなることがある、だから、マイノリティ個人個人のためでもあるし、その社会全体のためでもあるんだと、アメリカのマイノリティ教育をやっていた人が言っていました。日本もまさにそういうことを認識すべきだと思います。

金澤　天野さんの意見に賛成です。先ほど手島さんも言っていましたが、さまざまな価値観、多様な状況をお互い認め合うことを大切にしていかないと、社会は成立しないと思います。じゃあ教育のなかで今、どう議論が進んでいるのかというと、二〇二三年に出た「義務教育の在り方ワーキンググループ中間まとめ参考資料集」に「認識すべき教室のなかにある多様性・子供目線の重要性」という図が入ってます。この図はとってもよくできていて、障害をもった生徒が何％いる、外国につながる生徒が何％いる、不登校傾向の生徒が何％いる、特異な能力（gifted）の生徒も何％かいるとあり、多様な生徒がいる教室空間がまさに社会の縮図なんだという形の図です。これから教員は多様な生徒に対応できるように教育力を高めなければいけないということが述べられています。

◉貧困問題

手島　引き続き金澤さんに聞きたいのですが、高校の学力の格差は、家庭的な問題、貧困問題とかかわりながら作られていて、じつは現場の教員は感覚的に知ってたんですよね。だけどそれをあまり言わなかった。学校間格差といってもいいかもしれませんね。その裏を見ると進学校は保護者の年収が良くて、いわゆる「教育困難校」は非常に厳しい状況がある。その裏側にある貧困問題の話をしてもらえますか。

金澤　生徒の支援担当になるまで、貧困問題はあまり考えていませんでした。福祉事務所があるので福祉の部分はきちっとフォローしてるんだろうと思っていました。ところが自分が出会った生徒たちに話を聞いてみると、福祉的な支援はあまり受けてなかった。ここは未整備状態なんだと初めて知り、貧困問題に深く関心をもってかかわるようになりました。福祉は福祉関係がやっていると思っていたら、実際はあまりやっていなかったし、教育も考えていなかった。生活保護のケースワーカーさんが、昼間は学校やアルバイトで家にいないから、生活保護

金澤

の高校生には出会えないと話していたのが印象的です。勤務していた学校のなかに貧困問題が多数存在している事実を知りました。そうした問題に対応するために校内に新たな支援の仕組みを作りました。生徒・保護者との対話を通して課題を発見し、積極的に外部連携をしながら新たな支援の仕組みを構築しました。こうして貧困問題に取り組んだのですが、教育行政の方はあまり目を止めてくれなくて、最初に注目してくれたのは厚生労働省と内閣府だったのです。「すごい取り組みだね」と、内閣府や厚生労働省に呼ばれて話をして、けっこう評価されました。その後、文科省からの視察も入るようになりました。文科省の取り組みが遅れたのは、保護者の個人情報に学校がかかわるのは難しいからかもしれません。保護者の経済状況は最大のプライバシーですから、学校は介入しないで埒外に置いてきた。それを発見したというか、知ったのが、貧困問題にとりかかった最初でした。

手島　貴重なお話、ありがとうございます。ただ、忙しいといわれている教員にとって、「そこまでできないよ」というのがあるんじゃないかと私は思うんですね。そういった問題を考えてかかわっていくためには、教員の働き方の状況に余裕がなければできないじゃないですか。マズローの欲求の階層で、「生理的欲求」「安全の欲求」「所属と愛の欲求」「承認の欲求」「自己実現の欲求」というのがあります。下位の欲求が満たされないと上位の欲求が満たされないというものです。教員も同じような話で、多忙化の状況のなかでは教員の自己実現ができていない。教員の自己実現ができなければ、何で児童生徒の伴走者になれるんだろうと私は考えています。井上さんの話にしろ、金澤さんの話にしろ、ある程度、時間的な余裕を作っていかないとダメかなと。金澤さんも担任をもたないとか授業を減らしてもらうとか、そういった特別な労働条件でいろいろできたわけじゃないですか。そのためにも働き方改革を実質化していかないと、教員の自己実現もできないし、児童生徒の伴走者にもなれない状況なんじゃないかと思います。

金澤　まさにそのとおりで、手島さんが今、言ってくれたように、私にとって自己実現につながるいろいろな実践をおこなううえで幸いだったのが、一人の校長との出会いでした。その校長は、行政に対して教師の加配要求等をどんどんしていくわけですよ。行政当局とせめぎあいをする。最近はトップダウンが多いじゃないですか。そうではなくてボトムアップが大切です。現場から上がってくる要求から施策を作らなければ、さまざまな課題が良い方向には向かわないし、教師の自己実現につながらないと思います。

◉リーダー論

手島　いい校長に出会ったことを言われましたけど、それはたまたまの話であって、私はあんまりいい校長には巡り会えていないんです。でも尊敬する校長が三人いて、その方たちは研究する視点をもってるんですよ。ほとんどの校長は、教育委員会に言われたとおりのことを現場に当てはめていくだけで自分では考えていない。ところが学校教育法は校長に権限を与えましたよね。「リーダーシップを取れ」って言うけど、悪いけどリーダーシップを取る力量じゃない。だけど何人かの人は違っていました。委員会から言われたことに対して、「それは本当なのか、どうなのか」をちゃんと咀嚼して、現場に下ろし、現場の意見も聞く。しかし、そういう校長が減ってきていると私は思ってます。そもそもリーダーシップとは何でもかんでも上から命令するんじゃなくて、社員と一緒になって考えていく、いろんな意見を吸い取って企業理念にしていったり、実際の仕事につなげていったりするのが、いま求められている企業のリーダーシップ論だと思います。そういったことも、学校は遅れているとつくづく思います。だから、教員も不満を抱いてしまいます。

金澤　サーバント・リーダーシップというのがあります。これはそんなに新しいことじゃなくて、けっこう前から言われています。社員に奉仕をして、社員が働きやすい職場を作っていく管理職のリーダーシップです。あるとき、民間の方が、学校見学にきました。そのとき、学校運営の様子を見て、「今の企業の在りようとよく似てますね」と言ったんですよ。「何がですか」と聞くと、「いや、社内起業とよく似てますよ」と。それぞれの部門が責任をもちながら、仕事をどんどん動かしていく。いちいち決裁を取らずに、もちろん最終的には管理職に相談、連絡をしますが、どんどん動いていく。「これって企業の今の在り方によく似てますよ」という評価をもらいました。「あ、そうなんだ」「こういうのは企業型なんだ」と思ったのです。キャリア支援の部署はそこでいろんな企画を作ってどんどん先へ進んでいく。目の前の生徒のために支援をしなければならないという理由もありました。生徒の支援をやってる担当は自分で企画を作って先へ進んでいく。これは企業の在りようで、その人たちが働きやすいようにリーダーシップを取っている校長の在り方は、まさにサーバント・リーダーシップだったのです。

天野　リーダーシップ論でいうと、ホリゾンタル・リーダーシップというのもあります。水平な連携・協力を重視した組織ということです。しかし、学校、教育行政、地方議員、国会議員の多くは、昔ながらの上位下達の思考です。あんまりいい例じゃないですが、アメリカなんか軍隊組織でさえ水平思考で任務を遂行していく場合もありますし、まさにおっしゃったように企業も今、そうなっているところがあります。学校組織において、そこをブレイクスルーしていくには、金澤さんがやっていることをもっと広めていく、広報宣伝していくのは非常に重要なんじゃないかと思いました。

手島　教員一人で抱え込むのは難しいので、本来の意味での「チーム学校」なら、スクールソーシャルワーカーとかいろいろな福祉関係の方と協力しながらやっていかないと難しい。今、違う感じになってるところもありますが、本来の「チーム学校」とは何かを考える必要がありますね。

金澤　チームとしての学校は、「こうやれ」と言われるのではなくて、生徒が必要としているものを汲み取って、場合によっては新たに仕組みを作っていくことが大切です。支援が必要な生徒とか福祉的なニーズのある生徒というのは、こちらからメニューを出すと大体うまくいかない。

手島　だからボトムアップが必要なのです。「チーム学校」という概念があると「『チーム学校』をどうやって作るんだ」という話になって、後づけしていく。無理やり作って「『チーム学校』やってる」というトップダウンのやり方をやっているうちはダメだろうと。

金澤　たぶん、チームとしての学校は出発点を間違えてるんですよ。支援のニーズとか福祉的なニーズってメニューがあって伝えるものじゃなくて、ニーズがあって支援を考える。ニーズに応えられるメソッドがなければ作ればいいのです。そこをはき違えている。

◉生徒指導

手島　原さんの文章を読んでびっくりしたのは、特別指導じゃないと生徒を深く知ることができない状況になってるのかと。前はそういうことはなかった。特別指導で生徒と触れ合うというよりも、日常的に生徒と話したりすることに意味があった。だから原さんの文章で「特別指導で話す」というのを読んで、「今、こうなってるのか」とびっくりしました。特別指導といってもわからない方も多いと思います。問題を起こした生徒を別室などに呼び出して、ある一定期間、話を聞いたり、課題を出したり、ときには反省文を書かせたりなど、特別な指導をすることですね。

原　これを書こうと思ったのは、特別指導をマイナスに捉える考えにふれたからなんですよね。でも特別指導って負ではないというか、やって意味があるものだということを自分のなかで一度整理したくて書きました。「特別指導じゃないと生徒のことを知ることができない」という文脈よりは、「特別指導は避けるべきものではない」「そこに教育効果がある」ということを伝えたかったということです。

井上　要は、普段から生徒に当たってないってことなんですよね。生徒に当たってないから特別指導があったときにそこで深く聞くことができるんじゃないですかって、そういう書きぶりになってるのかなと思いました。普段から生徒と話していれば特別指導で深く話さなくてもいいけど、生徒との接し方が弱く深くないから、事件があったときに一定の時間をとってじっくり話をすることができて、生徒の理解が進むという形になってる。

手島　私もそう読み取りましたけどね。

井上　先生が生徒に当たりに行かないんだよね。時間もないからだけど、私なんか悩んでるときに追いかけ回してってそれで話とかすると、「ほんとに俺の暗い歴史のこと聞いてくれんの」ってバーッと話してくるでしょ。そういうのが日常的にあればいいんだけど、それがない。先生が当たりに行くのを避けるっていうのがあるんだなと。

手島　「当たりに行くって」という言葉がすごい。

井上　古い教員用語ですよね。「追いかけ回す」もそうです。

原　なるほど。私がここに書いた事例は一〇～一五年ほど前におこなわれていた、私からすると従前（古い）のガッツリとした特別指導です。当たりに行こうよという。だけど今はそういう雰囲気ではないということです。確かに特別指導があるから時間がたっぷり取れて生徒とより深く話ができるというのはありますね。日頃そこまでは話せない内容が、特別指導で引き出せるみたいな。

手島　要は話し合う場がなくなっているということですね。

井上　そうですね。高校の場合は家庭訪問がなくなってきています。家庭訪問をするとトラブルになるからそれを恐れて「二人で行きなさい」ということもあります。家庭訪問で生徒の生活実態を見て先生が認識を変えるわけです。それって今、なくなっています。

手島　それは同和教育の原点で、やはり家庭を見ないと差別は見えないし、学校での児童生徒のいろいろな行為がわからない。ずっと欠席している児童生徒がいたときに「何で欠席してるんだろう」と家庭訪問すると、そこは被差別部落で、生徒が家で子守り奉公しているなどの背景がある。それを同和教育という形で拾い上げていくんですね。それが他のさまざまな、外国につながる生徒での実践とか、インクルーシブ教育での実践とかに方法論的にすごく影響を与えていると思います。だから、一般的な生徒指導に関しても、ある行為に関するその裏側の背景を見ていくことによって、その生徒の全体像が見えるわけじゃないですか。全体像が見えないと、その生徒を一面的に判断し「この生徒はこうだ」みたいな、そういうところがどうしてもあると。

井上　生徒指導というよりも生徒を理解するということなんですね。

原　教員が多忙化しているから、特別指導になった生徒の聞き取りで一日潰れたりすると、今日も部活指導できなかった、授業の準備ができなかったから家に持ち帰らなきゃと忙しさに拍車がかかります。自然と、特別指導はないほうがいい、日数も短くしたいということになります。

手島　そうなってるんだ。

原　はい。指導内容も対話より課題（教科から出る学習課題）の取り組みが多い。「いや、あいつもう変わらないから」ということもあります。でも特別指導って、生徒の困り感が現象として表出したわけであって、その現象の根本を探るための現場でおこなわれてきた取り組みなんじゃないかと思っています。

手島　やっぱり多忙化の問題が絡んでるんだろうなと思う。忙しくて「そんなことやってらんねぇよ」みたいな状況があるんですよ、きっと。

原　問題行動が大切なんですよね。定時制高校に勤務しているときに給食の時間を過ぎても生徒が食堂にたむろして居座ってることがあったんです。食堂の方から苦情がきて、「時間になったら食堂を閉めに行きます」「授業に行きなさいってお尻叩きますね」と言ったら、定時制に長く居るベテランの先生から「それをしたら食堂にいる子が見えなくなる」と言われたんですよ。また、「外履きで校舎に入ってくる生徒全員に、上履きをちゃんと履かせる指導しよう」という意見に対して、「上履きを履いてなくて外履きを履いて校内にいるっていうことが大事なんです」「単に外履きが上履きになればいいということなら賛成できない」と言っていました。これってわかりますか。

手島　非行や問題行動を見て生徒を理解していこうとする考えですね。定時制高校の先生はこうした生徒へのアプローチをけっこう大切にしていますね。

原　私は全日から定時制に来たときにそういう見方がまったくなくて、雷に打たれたような気分だったんですね。「ちゃんとしていない」生徒を「ちゃんとさせる」ことが教師の仕事と思っていました。でも「ちゃんとさせる」こと自体が目的になると、その過程や意味が見落とされやすいということがわかりました。

手島　打たれる人はいいんですよ。「そうだ！」って思う人と、「なんだよ」っていう、嫌悪感をもって迎える人っているんじゃないですかね。いなかったですか。

原　そうですね、いました。そういう視点で見ると、特別指導になることって必ずしも悪いことではないし、今回、生徒指導提要を初めてちゃんと見てびっくりしたんですが、特別指導という言葉がどこにもないんです。現場のなかで練り上げられてきたけど、どこにも載ってない生徒指導の形なんですよね。

手島　みなさん、生徒指導に関連して、「生徒指導提要」は読みましたか。どんな感想をもっていますか。

金澤　うん、悪くはないような気がした。

手島　後半は悪くないんですよ。ただ、最初はダメじゃない。

金澤　前半はダメですね。現場を知らない研究者目線で、ただ聞いた話をモデル化したような感じです。

手島　それこそ概念化して押しつけていく感じがして、すごく馴染めない言葉が多用されています。「発達支持的生徒指導」「課題未然防止教育」「課題予防的生徒指導」「課題早期発見対応」「困難課題対応的生徒指導」などの言葉が並びますが、もっと現場で使っているような言葉で書いてほしかったです。

ただ、後半は個別な課題が問題解決の視座まであってすごく参考になると思います。前半があまりにもひどすぎて、現場の教員は後半にまでたどり着けないのではないかと危惧しています。

金澤　教員採用試験を受ける大学生などしか読まないかもしれない。

◉高校中退

手島　高校中退にもちょっと触れたいと思います。

天野　私は、四〇年前高校を中退しました。ですから原先生の文章を読んで、自分がもし高校の教員だったらものすごく大変だろうなと思います。ただ、当時の私ならほっといてほしいと思うかもしれません。大学には大検（大学入学資格検定）を受けて入りました。個人個人、いろんなパターンがあるだろうし、結局その子が立ち直ってくれればいいんだと思います。どこで立ち直るかはほんとにケースバイケースでわからないです。学校の場合もあるでしょうし、警察で立ち直る子もいるかもしれない。ちなみに私の場合は裁判所でした。

手島 私は毎年一クラス分の生徒が中退する高校にいたことがありますが、中退する過程も中退の手続きもかなり労力を費やします。確かに簡単に中退をさせてはいけませんが、中退は教育の敗北だというのも違和感があります。ちゃんと現場の状況がわかって言っているのかと。一時、高校を準義務化していくみたいな議論がありましたけど、準義務化して小中学校みたいになると、勉強したくない子は困るだろうなと思います。働きたい子もいるわけじゃないですか。高校は出席が重視されますから、とにかく授業に出なくてはならない。出ないと、長期入院でも不登校でも、かなり進級卒業は難しくなります。もっと高校の制度を柔軟にする必要があると思います。また、中退を防げなくても、中退した後にどうコンタクトしていけばいいかが大切だと思っています。

井上 中退者は、学校の勉強についていけなかったり、学校がつまらないと感じていたりしていると思います。クラスから取り残されて不安を感じ、自信を失っていく。進学校でも、中学までトップレベルの成績であった生徒が、高校入学とともに相対的にできないグループへと転落すると勉強に対する不安を感じるようになって、退学してしまうこともある。それから、中退者の多くは何らかの深刻な生活課題を抱えていると思います。経済的な困難、保護者の不在、家庭内の不和や離婚、保護者や本人やきょうだいの病気など、学校どころではない状況で生活していたりします。経済的な困難さと家族の不和は結びつきやすいし、病気が長引けば経済的な困難さへと結びつくし、極端な場合、保護者が家から逃げてしまうような崩壊家庭の高校生がいて、児童養護施設から通う高校生がいる。社会経済状態の不安定化は、児童生徒が育つ基盤である家族を痛めつけています。生活基盤が脆くなっている高校生が学校という負荷に耐えられなくなったときに、学校から去ることで事態を解決しようとすることが中途退学なのかもしれません。

金澤　中等教育の前期である中学には中退がなく、後期の高校には中退があります。本来は中等教育として同じように対応してもよいような気もしますが、入試もあり適格者主義が根強い高校の制度変更は難しいでしょう。しかし、高校中退は中学校卒になります。ハローワークの中卒求人票は極めて少なく、その後の生徒の人生を困難なものにしてしまう可能性があります。中退の直接的な原因は、出席日数不足や単位の不認定です。ここを生徒の状況を判断しながら柔軟に対応できれば、中退も減少するかもしれません。たとえば、二〇二三年の八月に出た中教審の高等学校教育の在り方ワーキンググループ中間まとめには、「(全日制・定時制課程における不登校生徒の学習機会の確保) 国においては、不登校傾向のため、授業時数の三分の二以上の出席など、多くの学校において慣例として定められている単位認定の際の出席要件を生徒が満たせなかった場合でも、学校が一人一人の実情に応じて柔軟に履修・修得を認める運用となるよう、上記制度改正の周知と併せて促す必要がある」とあります。中退の議論をする際、学校で決めた教務内規を基本に判断するわけですが、不登校傾向の生徒への対応であるとしても、教務内規は慣例であり、一人一人の実状に応じた運用をするように述べていることは重要です。中教審でこうした議論がおこなわれていることについて、高校現場も注意していく必要があるのではないでしょうか。

原　今年度（二〇二四年度）、不登校生徒に対してオンライン授業の取り組みや課題の提出をもって出席とみなすという旨の通達がありました。学習意欲をもち、在籍校での卒業を目指しながらも登校できない生徒が対象で、教育上有益であり不登校状態を助長しないと認められた場合に手立てを講じるというものです。金澤さんが触れた中教審答申の「一人一人の実情に応じて柔軟に履修・修得を認める運用」が形になっておりてきたという感じでしたが、急にふってきた全日制の現場は混乱です。「全日制としての仕事もしながら、通信制っぽいこともしろということ？」という感じです。これまでも高校現場において個々の対応というのは多少はあったと思います。骨折や入院など身体的理由で登校できない生徒にオンラインで対応して修得につなげたり、精神疾患が原因で欠時超過した生徒に年度末に補習して履修・修得を認定したりなどです。ただ、どんな理由があっても登校していなければ欠席は欠席、欠席数が規定を超えたとき（未履修）にある程度だったら補填するよというスタンスだったと思います。ある程度じゃすまなかった生徒や特別な事情がないと判断された生徒が履修の壁を越えられず中途退学に陥っていた。今後は不登校家庭にはこの制度があることを知らせることになっていますので、この制度を利用して卒業する子がここ数年で出てくるかもしれません。合計三六単位までは認められるということですので高校の修得単位のおよそ半分というかなり大きな数字です。

◉教師にやりがいを感じさせない要因

金澤　今までの教員組織は「鍋蓋型の教員構造」とよくいわれて批判されてきました。それを二〇〇〇年代に、職務職階制を入れて、職員会議を開かなくてもいいようにして、校内には数名の総括教諭（主幹教諭）と管理職による企画会議を作って、学校を運営していくという多重構造型になりました。じつはこういった組織改革が個々の教員のやりがいをなくさせてきたのではないでしょうか。また、教員評価です。教員評価が入って、給与と密接に関連することとなりました。管理のシステムと評価のシステムが学校を非常に窮屈なものにしてきたのです。多忙化解消は当然として、こうしたシステムの導入が教員のやりがいを奪った一番の原因だと感じています。

手島　奪っていったよね。

金澤　つまり、「あなたたちは言うことを聞いてやっていればいいんだよ」というムードです。そして「あなたたちがやってることは、偉い人が評価をして、給料にもつながって、あなたの出世にもつながるんですよ」という圧力です。これが蔓延していくなかで「やってらんねえよ」という層と、それから「言われたままに仕事をしなきゃいけないんだ」という層に分かれたような印象です。

手島　どちらも健全ではないですが、そうしたムードが広がった実感はあります。私が会議で何か言おうとすると、「言っても無駄ですよ」と同僚に返されたのにはびっくりしました。

金澤　いかに勤務時間が短くなっても、このムードがなくならない限り、やっていて楽しい仕事には絶対ならない。どんなに忙しくたって楽しければ、仕事っていいものなんだよね。管理のシステムとか評価のシステム、そういったものが「チームとしての学校」の根底にあるわけじゃないですか。組織がピラミッド構造では、対等な感じがなくなって仕事がつまらなくなってしまうような気がしています。

手島　私もまったく同感です。それは第Ⅰ部で私も書きましたが、職員会議で挙手ができないとか、発言がなかなかできない雰囲気がある。職員会議はもともと自由に話ができて決定もして、校長がそれを承認していった。自由に発言をして、自分が言ったことに責任をもちながら企画もしてきました。ところが金澤さんが言うように職員会議とは別に企画会議というのができて、そこで決定するんだよね。そこで決まったことを職員会議で報告するだけになって、それに対して「おかしいよね」という意見を言ってもつぶされていくのです。それはやりがいがなくなっていく原因のひとつだと思うのです。自分が言ったことが反映されればやりがいってあるじゃないですか。上から言われたことをやるだけではやりがいはないかなと。

教員組織というのは、本来は自分が言ったことを実践できる場だったのが、それができなくなってしまっている。教育がこれだけ複雑になっているのに、校長ひとりでいろいろなことができるわけがないんですよ。みんなが協力して考えていかないとできないのに、校長にすべての決裁権があるのは違うだろうと私は思っています。私もけっこう発言してきたのですが、校長から「職員会議で手島に発言させるな」って主任に指示が降りていくんですよ。その人いい人だから、「そう言われたよ」って私に言うんだけど。そういうことが起きるんです。

ただ、この裏には「日の丸・君が代」問題があります。職員会議から挙手をなくして決定権を校長に委ね、「日の丸・君が代」強制を推し進めようとする政治的な動きがあったことも見逃せません。

天野　この挙手問題については、「民主主義的運営の否定」論に対して、「挙手採決」は「民主主義の基本ではない」という論法で非難する層がいましたが、教員が何かをすること、意見を言うことを抑えつける象徴として挙手禁止があったのだと思います。挙手禁止は職員会議において、言外に「教員は学校運営に口出すな」というメッセージとなって教員に重くのしかかる。もう面倒なことは言わない方がいいんだと。それに反発した校長先生は再任用されなかったんですよね。都教育庁に逆らうと報復人事を喰らう。そうすると教員は、まさに萎縮してしまう。この空気は戦前と同じ質だと思います。この点を先ほどの非難する層も裁判官も意図的にか否か、見落としている。民主主義や人事の単なる手続きの問題ではなく、そのことが関係者に行動変容を及ぼすという社会のあり様の根幹にかかわる問題なのです。

金澤　これは元に戻すのきっと難しいですね。自分が採用されたとき、先輩の教師から「会議の進め方」についての映画を紹介されて、新採用の教員みんなで見ました。「会議ってこうやって進めるんだ」とか、輪番で議長になるのを、「へえ、そうなんだ」と納得していました。議長団というものがあり、書記がいて議長がいて、それを職員で順番に回していく。そうやって会議をみんなのものとして運営していました。だからみんな職員会議をすごく大切にして、ものすごい議論になった。何よりの学びの場でした。しかし、そうしたことはどんどんなくなっていきました。こんなにも職場って一気に空気が変わっていくものかと思いました。

手島　だから働き方改革は時間や給与だけの問題じゃないんですよね。「やりがい搾取」という言葉が使われてるけれども、じゃあ、やりがいって何なんだって。教員の置かれる状況ってどんどんどんどん厳しくなっていく、発言もできない、職員会議もこうなってるということをセットで考えていかないといけないのに、部分的なところで議論されている。ここは世に訴えた方がいいかなということで、本を出すことに繋がりました。

（二〇二四年一一月一七日収録）

第Ⅲ部

「やりがい」を高めるために何をすべきか？

第一章◉教師のやりがいを阻害するもの

教師のやりがいを教育行政が奪っていった!?

手島 純

自分にとって教師のやりがいとは何かを考えたとき、それは人にかかわり、生徒も自分も成長していくことを実感するということにあった。教師になる前に会社勤めもしたことはすでに書いたが、結局、利益を求めることが最終目的になるという印象をぬぐえなかった。加えて、部長・課長などの職位での命令系統がはっきりしていて、不条理なことも経験した。

私は利益追求を否定する気はないし、会社勤めのやりがいもおおいにあると思う。ただ、自分がその仕事をするかどうかは別の話である。教師になってからも組織的な問題は常にあったが、比較的自由にものが言え、夏休みや冬休みがあり、自分の時間も増えた。学校を離れて自由に教材研究などができる研修日もあった。転職してよかったと思った。

しかし、私の教員生活の後半は、徐々に規制が強められていった。まず自由にものが言えるという環境が狭められていった。また、自主的におこなう研修もなくなり、お仕着せの研修が増えていった。長期の休みも研修ではなく、有給休暇になった。社会科教員として教材を海外で収集するのも有給休暇扱いになった。夜間定時制での勤務時代には夕方からの出勤では勤務時間が短いということで、生徒もいないのに昼過ぎから学校に行くことが求められた。

二〇〇〇年に学校教育法が変わったことがさらに現場を追い詰めていく。学校教育法施行規則第四八条で「職員会議は、校長が主宰する」と明記された。さらに二〇〇七年、学校教育法第三七条に新たな職として副校長・主幹教諭・指導教諭という職位が新設された。教員の階層化は進み、職員会議は形だけになっていった。重要な審議は管理職と主幹教諭で作る企画会議や運営会議等で決められることになり、職員会議は報告事項の確認の場になっていった。追い打ちをかけたのが、二〇一四年六月二七日の文科省の通知である。

① 職員会議は、校長の補助機関であり、校長が主宰するとされているにもかかわらず、教職員の互選等により選ばれた議長団等の組織を設置し、校長以外の職員を議長とし、当該議長が職員会議を主宰することは、校長の権限を実質的に制約することから不適切であり、行うべきではないこと。

② 職員会議において、挙手や投票等の方法により、校長が自らの権限と責任において決定すべき事項について決定したり、校長の権限を実質的に制約したりすることは、法令等の趣旨に反し不適切であり、行うべきでないこと。

この通知は独り歩きし、職員会議で挙手をすることそのものを禁じるような発言を管理職がする事態になった。ものが言えない職員室の雰囲気が醸成されていき、やりがいの喪失につながっていった。自主的に発言して行動することがなかなかできなくなり、与えられたことをこなす教師像が形成されていく。この変化は目に見えるほどだった。

校長の権限強化は確かに進行していった。校長がリーダーシップをとって学校運営をしないと、職場は混乱するということである。しかし、校長のリーダーシップが適切でなければどうなるのだろうか。現実的には校長がリーダーシップをとるどころか、教育委員会のいうことを現場に押しつけるだけになっていったように感じた。教育委員会に従わないと自身の人事に影響を与えるということも生じる。次はいわゆる進学校・伝統校に行けるのか、退職後の再任用の仕事はどうなるのかなど、人事全般にビクビクしている校長は多かった。

ただ、校長の名誉のために付言するが、校長のなかには自身の言動に責任をもって、生徒や教職員を大切にする姿勢の人はいる。私の狭い経験からいえば、こうした校長のすべてが研究的な視点をもっていた。研究は「疑う」ことを重視する。文科省や教育委員会の話を鵜呑みにせずに、周りからの意見も聞き、最終的に自身で判断する。この姿勢が本来のリーダーシップなのだが、残念だが校長の権限強化は、職場のフィールドを荒らしている場合が多かった。

希望を失う教師

教師の忙しさは倍加し、世間から求められることも増え、教育課題はすべて教師の責任であるという論調も激しくなった。それに呼応するように学外からの苦情電話も増えた。生徒が公園でたむろしていてうるさいから何とかしろと言われ、女子生徒のスカートが短いとの電話が入り、自転車のマナーが悪いと怒られ、いやはや地域の教育力はないのかと逆に思うくらいだった[1]。

きっとこんな状況だったら教師になる人は減るなと思っていたら、やはり予想どおりになっていった。教育改革の必要性が叫ばれる割には、教師の働き方などには無頓着であった。そうしたことが今の状況を用意したといっていいのではないだろうか。夜間定時制高校に勤務しているときに教師の置かれている状況がどんどん悪化したので、拙著『格差社会にゆれる定時制高校』で以下のように書いた。

今の時点で就職を決めると仮定して、教師という道を選ぶだろうか。給料も下げられ、免許も取り上げられるかもしれない状況がつきまとうなかで。実際にまわりの教員に聞いてみると、多くの教師が「今だったらこんな仕事選ばないよ」と言う。確かに、授業以外の仕事がやたらに増え、土日に部活動をしても千円程度の賃金が支払われるだけ、そして夏休みも有給休暇をとって休む時代になった。学校の多忙化に加え、生徒指導の問題や保護者との対応に苦慮し、精神的な問題をかかえて休職する教員も増えている。
実際のところ、教師の質の低下は今から始まると思う。起業家にもなれず大手民間会社にも入れない人が選ぶ仕事が教師だとしたら、あまりにも問題が多いと思う。今のさまざまな教育施策はそんな未来を用意していると思うが、どうであろうか。

ここで「免許も取り上げられるかもしれない」というのは教員免許更新制を指す。この制度に対しては反対も多かったが押し切られた。こう書いたのは二〇年ほど前のことである。残念ながら、この「未来」は現実になった。それゆえ、敢えて昔に書いた自分の文章を引用させてもらった。つまり、「今のさまざまな教育施策」が教師を追い込み、現在の状況を作っていったのだ。それは日本の教育がダメだという前提で矢継ぎ早におこなわれた教育改革であり、それを受けての教育政策であった。しかし、教育再生などといわれた教育改革など本当に必要だったのか。何もしない方がよかったのではないかと思うくらいである。

教師バッシング

教育改革は留まることなく提唱された。学校現場がさまざまな問題を抱えているので、教育改革を断行するとそれらの問題が減じるような錯覚にも陥る。しかし、子どもは聖域なので、その矛先は教師に向かう。その激しさは留まらなかった。教育改革では理想化された教育像が語られ、現実が批判される。そして陰に陽に教師は批判された。

いじめが取りざたされた時期は、その怒りの矛先は教師に向かった。学級崩壊が話題になったときは教師の学級経営が問われた。不適格教員が問題になったときは、とんでもない教員がいるからと教員の免許状に制限がかかる要因となった。

しかし、いじめはそう簡単にやむことはなく世界的な兆候であることがわかった。学級崩壊は必ずしも学級経営の問題だけではなく、落ち着かない生徒の存在も明らかになった。不適格教員追放ということから教員免許は一〇年任期になったが、それは教師の専門職性を否定することになった。ただ、この教員免許更新制は、現場教師の批判もあって、今はその制度はなくなった。

こうした状況のなかでマスコミは教師批判を続けてきた。これは三〇年以上続いた。大きな事件として一九九〇年に兵庫県立高校で校門圧死事件があり、一九九四年に愛知県の中学二年生が遺書を残して首つり自殺をする事件があった。校門圧死事件は、遅刻しそうになって校門を通り抜けようとする生徒がいたにもかかわらず、教師が校門を閉めたことで生徒が亡くなった事件で、当該教師は激しく批難された。愛知県の生徒の自殺では、遺書にはいじめがありお金をとられたことなどが書いてあった。その対応を巡り教師は激しく批判された。いうまでもなくこうした事件はあってはならない。しかし、教師バッシングをすればそれでいいのかという疑問がわいた。私が何人かの仲間と記した『放課後の教育論』に次のようなことを書いた。

(さまざまな問題が起きると——筆者加筆) ますます教師非難の大合唱に勢いがつく。こうして教師たちは口を閉ざし、無難に日常を消化し、自己合理化の方便だけは身につける。実際「そういわれても・・・」という言葉しかもちえない。「子供の心を知る先生がいたら」と言われ、「『相手は人間』を忘れた教師たち」と指弾され、「教師の『教育的熱意』を問う」と疑問詞を投げかけられる(全て社説の見出し)。週刊誌は「先生に気をつけろ」(週刊朝日)、「徹底取材『問題教師』を告発する　ケロッと生徒を殺す奴」(サンデー毎日)等の特集を組みセンセーショナルに報じる。ワイドショーはいうまでもなくどのチャンネルも同じ騒ぎだ。

そしてまた事件が起きる。

このことを書いたのは最近ではない。一九九七年出版の本である。この後、二〇年近く、同じようなことが続いた。

この事態が一転したのは、二〇一四年OECDによる国際教員指導環境調査（TALIS）の発表だった。他国と比べて日本の教員の勤務時間がいかに長いかが判明した。「先生ってけっこう大変なんだ」ということが日本ではない機関からの指摘で人々の話題にのぼったのだった。やっと先生たちの状況を視野に入れた議論が始まった。

教師の自己実現のために

教師の多忙化が解決しないと、中教審答申が求めているように教師が学び続け、児童生徒の伴走者になることはできない。銀行にお金をおろしに行くような仕事に追われていれば、教材のことも生徒のこともじっくり考える時間はない。学校における忙しさは諸悪の源である。

学校（スクール）の語源であるスコレー（「scholē（σχολή）」）はもともと古代ギリシャ語で「閑暇」（ひま）という意味なのである。その学校の原点へと立ち戻るべきである。

教師を志望する者が減るということは教師の魅力がなくなっているということの証だが、ただそれを黙って見ているわけにはいかない。方策を考えなければならないが、給特法（公立の義務教育諸学校等の教育職員の給与等に関する特別措置法）を巡る議論を見ていると、国は本気で何とかしようと思っているのかと疑ってしまう。いわゆる給与の調整額の四％を一〇％に増額したからといって、今の状況が変わるのだろうか。給料が増えたのだからもっと働けということにならないか、心配である。

前にも書いたが、教師の給料はそう安いわけではない。労働時間が長いので、いわば時間換算すると安くなっているのだ。労働時間を短くすれば一〇％にしなくてもいいのである。一般に給料が安いといわれているので、少々上がったぐらいでは教師の希望者が増えるとは思わない。そうしたことも踏まえ、以下に教師の仕事が魅力的になるような観点で提案をしたい。

一．とにかく教員数を増やすことである。教員の給料を上げることは否定しないが、教員を増やすと一人当たりの教師の仕事量が減る。それが喫緊の課題である。

二．教員免許と関係のない仕事を明記し、それをできるだけさせないような仕組みを作ることである。給特法にかかわる政令（公立の義務教育諸学校等の教育職員を正規の勤務時間を超えて勤務させる場合等の基準を定める政令）では以下の四項目以外の時間外勤務をさせないことになっている。その認識をしっかりもつことも急務であるが、意外に知られていない。

イ　校外実習その他生徒の実習に関する業務
ロ　修学旅行その他学校の行事に関する業務
ハ　職員会議（設置者の定めるところにより学校に置かれるものをいう。）に関する業務
ニ　非常災害の場合、児童又は生徒の指導に関し緊急の措置を必要とする場合その他やむを得ない場合に必要な業務

さらに文科省は二〇一七年に「学校における働き方改革に関する緊急対策【概要】」を公表しているので、そのことも各学校の基準にすべきである。「基本的には学校以外が担うべき業務」ということで以下をあげている。

①登下校に関する対応
②放課後から夜間などにおける見回り、児童生徒が補導されたときの対応
③学校徴収金の徴収・管理
④地域ボランティアとの連絡調整

これらのことはやらないようにしたい。また、「学校の業務だが、必ずしも教師が担う必要のない業務」は以下のとおりである。カッコ内は任せる相手という意味である。

⑤調査・統計等への回答等（事務職員等）
⑥児童生徒の休み時間における対応（輪番、地域ボランティア等）
⑦校内清掃（輪番、地域ボランティア等）
⑧部活動（部活動指導員等）

「教師の業務だが、負担軽減が可能な業務」という項目もあるが、ここでは割愛する。ともかく業務削減は喫緊の課題であるし、そうした職場の雰囲気を作ることが管理職の役割である。

さらに提案を続ける。

三．奨学金免除の復活である。現在は少しずつそうなっているが、教師になったら奨学金は免除することを国も自治体も全面的に打ち出すといい。

四．教師は大卒ではなく大学院修了者を中心にすることである。かつて大学の進学率が低いときは、教

師のほとんどが大卒だったので、教師はリスペクトされた。しかし、大学が定員割れをするような時代になって、大卒の教師の社会的地位は下がった。こうした学歴社会を前提とした発想は残念なことだが、専門職の確立という意味で捉えてほしい。

五．大学にはサバティカル休暇というのがある。大学の仕事から離れて一定期間、自由に研究ができる。給料も出る。すべての大学教員がその恩恵を受けているわけではないが、小中高校にもその制度をいれてほしい。そして、それは大学院で学ぶことを第一義にするべきである。大卒は修士を、修士修了者は博士課程で学べるようにしてほしい。可能なら給料が確保されつつ一年程度現場を離れて勉強できる時間を保障してほしい。

こうしたことが実行できれば中教審の唱える「学び続ける教師」も「伴走者としての教師」も実現が可能になる。せっかく「教師の働き方改革」が叫ばれているので、それと不可分の教師のやりがいを俎上に載せ議論するべきだ。そうしないと、さらに教師志望者は減り、教育の質が担保されず、日本は滅んでいくだろう。

◉註

（1）これらの事例は実際に私が経験した内容である。苦情をいって普段のストレスを発散しているような電話もあった。

◉引用文献

手島純編著（一九九七）『放課後の教育論』彩流社
手島純（二〇〇七）『格差社会にゆれる定時制高校』彩流社

第二章◉生徒から学ぶ

井上恭宏

初任校の話

私は公立高校に三七年間勤務した。全日制高校を三校、通信制高校を二校、そして、昼間定時制高校も経験した。なぜ三七年間も教師を続けることができたのだろう。

一九八七年に、私が新採用教師として着任した高校は、いわゆる「教育困難校」（課題集中校）とよばれる学校だった。やんちゃをしていたり、勉強が苦手だったり、生活課題を抱えている生徒たちが、それぞれの中学から集まってくる。採用時の校長面談の後、書店で進学情報雑誌を立ち読みして、学校のことを調べた。中学時代のことをすっかり忘れていたので、急に不安になってきたのだ。

一九八七年当時、高校生の数はピークに向かって増加していた。私が赴任した学校は、一学年に一二クラスがあり、各クラス四七人で、学年全体では五六四名の生徒がいた。卒業するまでに二クラス分ちかくの生徒が転退学するようなこともあった。生徒数の増加と同時に、全国的な「中退問題の時代」へと進んでいたのである。

授業を始めていくと、簡単にはいかないのだということがわかる。マンガを読んでいたり、寝ていたり、隣の生徒とおしゃべりしたり、なかには廊下を挟んだ隣の教室の生徒と話をしだす生徒もいる。そんなに勉強が嫌なら、学校に来なければいいのに、と思ったりもした。その一方で、赤点をつけるぞ、と脅かして授業に参加させるのも嫌だ、と考えていた。いろいろな教材を自分で集めて構成し、今でいう思考実験のようなものを題材にして、生徒に考えたことを書いてもらったりするようにした。同僚の教師から「あなたの授業は、識字運動に似ているね」と言われ、識字運動に関心をもつようになった。戦争、貧困、部落差別や民族差別などが原因で、学校に通うことができなかった人たちが、夜間中学や識字学校に集い、文字の読み書きを獲得していくのが識字運動である。横浜の寿町で「寿識字学校」を手弁当で主催していた大沢敏郎さんと出会ったのもこのころである。寿識字学校では、詩や俳句などを参加者に提示して、自分の想いを書いてもらうという方法をとっていた。参加者の心に響く題材を用意し、あふれてくる想いを文字にしていくことで、読み書きを学ぶのである。生徒の心が動くような教材をつくって、社会の問題を生徒と考えていくことはできないだろうか。一つの方向性が見えてきたような気がした。

一九八八年、新採用二年目で、初めて担任をもった。二年の学年団に途中から参加したのである。学年全体で一二クラスの大所帯である。生徒たちは落ちつかなかった。そのうち、バイク登校や喫煙などの特別指導案件が起こるようになった。それでも、学年の教師たちの多くが、強権的な方法を用いずに、なんとかコントロールしようと生徒に働きかけていた。私も廊下に座って動こうとしない生徒と並んで、話をしたりしながら、一人ひとりの生徒たちとの関係をつくっていった。生徒と話をしっかりすれば、関係はできるという手ごたえは、あった。それでも、年度末が近づき、科目担当者からの欠席数オーバーによる単位不認定の警告が寄せられるようになってきた。私との話はできるけれど、授業には参加できないのである。落ちつかない一年間が終わり、長い職員会議を経て、私のクラスの二人の生徒の進級不認定が決まった。二人の生徒は、私のいうことを聞けるし、進級させて面倒を見させてくれと主張したが、進級不認定の判断を覆すことはできなかった。最終的に、二人は退学してしまった。

生活課題から生徒を理解する

一九八九年、生徒たちは三年生になり、私も持ち上がりで担任となった。新クラスには、前年度末から不登校の状態にある女子生徒がいた。欠席がつづいていたので、特別指導ではないのに家庭訪問をすることにした。保険の外交員をしている母親と兄と三人で文化住宅に住んでいた。台所で、本人と母とで相談をすると、「学校に行くと自分が自分でなくなるような気がする。学校で鏡を見ると、瞳が小さくなっているような気がする」と話した。その後、生徒は自分の部屋を見せてくれた。襖で仕切られた隣の部屋には引きこもりの兄が寝起きしているようだった。この生徒を放っておくともっと深刻な状態になるかもしれないと思った。私は、各方面に相談をし、公立通信制高校に転学することをアドバイスした。この高校には知り合いの教師がいて、卒業まで面倒を見てくれた。

二年から引き続き私のクラスに在籍していた生徒が特別指導になった。理由は車両での登校である。季節は冬になろうとしていた。それまで問題を起こすようなことはなかったのに、友人の車に乗って学校にやってきたのである。電車を乗り継いで家庭訪問に行った。生徒が学区外から遠距離登校してきていたことが、そのときにわかった。どういうルートで毎日登校してくるのかを私は知らなかったのである。古い住宅が並ぶエリアに、戸建ての住宅があった。両親が迎えてくれたが、居間はごみが散乱していた。両親とも私が教師であることはわかるけれど、こみいった話はできない状態だった。生徒は、居間の脇にある縁側を居場所にして生活していた。普段、何を食べているのかを聞くと、猫のエサの缶詰を指さした。両親とも精神のバランスを崩していて、ネグレクトの状態だったのである。父親の具合がいいときには、お金をくれたりするのだという。私は、このまま、家を後にしていいのかどうか、何をすればいいのかもわからず、茫然と家を後にした。そんな状況にある家族のことを私は知らなかったからである。その生徒は、特別指導後も毎日登校しつづけた。教室で会うと「オレ来てるよ」と声をかけてくるようになった。「おう、がんばってるな」というやりとりを毎日交わすようになった。

これからどうするべきなのかを考えているとき、進路指導部の主任が、「井上さん、あいつ、どうする?」と声をかけてきてくれた。生徒が厳しい状況にあることを周囲の教師に伝えていたので、気にかけてくれていたのだ。この教師と一緒に就職先を探した。就職がきまって、この生徒は卒業していった。就職し、資金をためて、家を建て替えたという情報が数年後に入ってきた。もしもこの生徒が特別指導案件を起こしていなかったら、私は彼のことについて何も考えずにすませていただろう。学校で見せる姿の背後に、生徒が抱えている生活課題、苦労がある。このことを私は具体的に実感した。そして、「この生徒は、いいところのある生徒なんです。何とかしてやってください」と自分の思いを伝えるだけではなく、生活課題について事実をもとに周囲の教師に伝えることができれば、なんとか突破できることもあるのだということがわかってきた。

私は生徒がつぶやく言葉を記録するようになった。廊下の隅や校舎の陰で、あるいは街で、生徒と交わした言葉を記録するのである。そのつぶやきには、生活課題や学校や教師への思いが潜んでいることがある。私はその言葉を周囲の教師に伝えるようになっていった。

一九九〇年の三月、私の学年の生徒たち五一八人が卒業した。そのとき、二年連続で担任をした一人の生徒が手紙をくれた。そこには、「先生、私たちのことにはこだわらないで、前に進んで」と記されていた。どういう意味なんだろう。普通なら、「先生、私たちのことを忘れないで」と書くはずである。いつも、悔やんだり、悩んだり、迷ったりしている私を二年間見ていて、次のステップへ進めなさそうな私の背中を押そうとしてくれたのかな、と考えるようになった。最近になって、この生徒に真意を聞く機会があった。「先生の解釈で大丈夫だよ。そのとおり」とのことだった。生徒が教師を人間として理解してくれるということがあるということを知ることができた。

価値の制度化

家庭訪問をしたり、アルバイト先に行ったり、町であったり、学校の隅っこで話をしたりすると、生徒たちはいろいろなことを話してくれる。教室に入らずに、廊下に座り込んで動かない生徒の隣に体育座りすると少しリラックスしてくれる。そんなに勉強が嫌なら、学校に来なければいいのにと考えていた私が、生徒と教師や学校の関係について考えるようになっていた。一人ひとりと街で話せば、若い一人の生活者との会話になったりするのに、なぜか学校だとぎくしゃくする。どう考えればいいのか、私はヒントを探していた。

私が採用されたのは、学校への批判が高まりだしたころで、不登校、いじめ、荒れなどを巡って学校批判が渦巻いていた。そのころ、オーストリア出身の思想家で現代産業社会批判や脱学校化論で有名なイヴァン・イリッチのことを知った。イリッチは、いまの学校はダメだから解体してしまえ、という表面的な議論を超えて、「価値の制度化」という概念で学校現象を読み解いていた。イリッチの『脱学校の社会』から引用してみる。

> 「学校化」(schooled)されると、生徒は教授されることと学習することとを混同するようになり、(略)彼の想像力も「学校化」されて、価値の代わりに制度によるサービスを受け入れるようになる。

価値の制度化は、学ぶという価値が、教育サービスを受けるという制度へと転換し、学校でなければ学んだことにならないと人々が信じ込むことである。学校に行かないなんてありえない、学校に行かないと一人前になれないということであれば、勉強は嫌だけど学校には行くし、不登校の子や保護者は自分を責めることになる。学校でなければ学べないとなると、すべての教育を学校がおこなうことになる。薬物乱用防止教育、性感染症防止教育、交通安全教育といった具合に限りがなくなる。生徒にかかわるあらゆることが教師に振り向けられ、生徒への保護と監視が強化されていく。教師と生徒の関係はゆがんだものになり、生徒が事件を起こせば、教師たちは、検事、弁護士、裁判官の役割をすべて果たさなければならなくなる。生徒は、この先生は、私を捕まえるの？　かばってくれるの？　辞めさせる判定をするの？　と疑うようになる。教師の生徒に対する接し方も混乱していく。

そして、イリッチは学校による教育の独占が、教育をもっとも必要としている者から教育を遠ざけているとも唱えている。社会的に不利な条件にある人たちの学校への期待が、学校によって裏切られていく。学校という共用地をもっとも必要としている人たちが、学校という共用地から弾き出されているというのだ。イリッチは、こうした価値の制度化による独占が、医療や福祉などにも及んでおり、必要としている人たちに医療や福祉が届いていないとも主張している。

生徒に言葉をかけ、生徒の言葉を聞く

私は、全日制高校、通信制高校、昼間定時制高校で、さまざまな生徒と保護者に出会ってきた。生徒や保護者は、千差万別である。当たり前のことだけれど、すべての生徒が初めて出会う生徒だ。似たような傾向をあげることはできるけれど、一人ひとりは違う。職員室にいるだけでは見えない多様な生徒や保護者の生活の事実があるということを意識しながら、生徒の言葉を聞いていくことで、生徒から学ぶことができる。おそらくこのことは、私が経験してきた「周縁的な学校」だけに当てはまることではないのだと思う。進学校の生徒のメンタル面での対応は、相当に複雑で、難しいようだ。生徒の話を聞くということは、どの学校でもできるし、教師の経験年数や年齢に関係なく実践できる。昼間定時制では、多くの二〇代の教師たちが生徒の話をよく聞いていた。私も、若い教師のなかに混じって、生徒の話を聞くということに取り組んだ。教師が生徒の話を聞いて、それを周囲の教師に伝えていけば、関連機関や相談機関につなげていくこともできる。生徒や保護者のことを知ることで、学校から締め出されてしまいそうな人たちのことを大切にし、そうした人たちから学ぶこ

とで、教師も学校も変わっていけるのだと思う。

日本の学校は、クラスに担任が配置されて、トータルに生徒の面倒を見る。格差が拡大し、不安定な暮らしのなかにある生徒たちの面倒をトータルに見る教師たちの役割は、ますます重たいものになっている。教育条件整備は急務だし、担任が全面的に生徒をケアするシステムも変えていかなければならない。

学校は人間が集う場所で、教師たちは組織で動いている。この組織が、教師を苦しめることもあるし、助けてくれることもある。困ったら、教師が教師に助けを求めることができるようになるといい。そして、どんな言葉を生徒にかけ、生徒の言葉をどのように受けとめるのかは、一人ひとりの教師に任されている。そこに教師のやりがいが生まれるのだろう、と私は思う。

◉引用文献

イヴァン・イリッチ（一九七七）『脱学校の社会』（東洋・小澤修三訳）東京創元社

第三章◉生徒の支援に携わって

金澤信之

はじめに

教師として授業、担任、部活動、校務分掌などさまざまな仕事をしてきた。一般的にジェネラリストと括られ、多忙化の原因とされている働き方である。さらに、困難を抱える生徒の支援担当となり、学校だけでは解決できない生徒、保護者の課題を外部連携で対応もしてきた。こうした外部連携は教師の働き方改革の方向性とは合致している。複雑で難しい課題を多忙な教師だけでは担わないのは重要である。この方向性は、これからも追求していく必要がある。だが、こうした仕事の外部連携だけでは説明できない教師としての仕事のやりがいがあった。生徒の困難に向き合うことで、かかわった教職員は、自分の生き方を見直し、ときにその後の人生のあり様にも影響を及ぼした。仕事を通して自らの人生が豊かになっていく職業といえるのかもしれない。この章では、そうした教師という仕事の一面について述べたい。

専門職としての教師

企業によっては、社内起業、社内ベンチャーといった制度を導入しているケースがある。この社内起業という考え方は、学校見学にきた民間の方が、学校の支援の仕組みや校務分掌等についての説明を聞いての感想のなかで、「この学校の組織の在り方は、まるで社内起業のようです」と話したことから知ることとなった。

社内起業とは、既存の企業内でビジネスやプロジェクト等を立ち上げることをいう。すでにある組織や資源などを有効に活用し、柔軟に新しいことに取り組む仕組みである。いわば、元々の企業から独立した新たな会社が社内に存在するわけである。当然、そのメンバーは主体的に企画を練り、実行していく。もちろん、学校組織なので企業のようにはいかないが、新たな課題に対する支援の仕組み作りに主体的にスピード感をもって対応している様子が社内起業のように見えたのであろう。

こうした主体的な仕事へのかかわりは、専門職としての教師の特徴に由来する。もっとも、一九五八年に学習指導要領が法的拘束力をもったことによって教師を専門職としない考え方もある。しかし、学習指導要領には学校や地域の実態を考慮し、全職員の協力で教育課程を編成することが記載されており、教師の専門職としての自立性が否定されているわけではないと考えることもできる。

なお、日本政府は一九六六年に国際労働機関（ＩＬＯ）と国際教育科学文化機関（ＵＮＥＳＣＯ）が協力して打ち出した教員の地位に関する勧告を採択している。この勧告には「教職は、専門職と認められるものとする」と記載され、同時に「教員の勤務条件は、効果的な学習を最大限に促進し、かつ、教員がその職務に専念しうるようなものとする」ともある。専門職としての教員の在り方を考える基本的な視点といえよう。

教師を専門職として考える理論に技術的熟達者と反省的実践家がある。前者は、現在の教員養成制度にその特徴が端的に表れているように、教職にかかわる知識や技術に熟達することを目的としている。後者は、学校で発見する生徒の困難な課題、問題状況に対して教師が主体的にかかわり、生徒との生きた関係性のなかで、その困難や課題を省察と熟考によって解決していこうとする。つまり、学校現場で教師が支援に向かうには、反省的実践家としての取り組みが重要になる。技術的実践では、誰でもうまく授業ができるような原理やプログラムを考えるわけだが、支援は生徒一人ひとりの状況を汲み取って考える必要があり、普遍的な原理やプログラムでは対応が難しい。

複数の困難を有する生徒との対話を通して、生徒にとって必要な支援を考え、ときには支援の仕組みや外部との連携を構築していく様子が前述した社内起業とよく似ているのかもしれない。生徒との対話のなかから課題を発見し、目の前の生徒の自立に間に合うようにスピード感をもって取り組んだ。たとえば、車いすで全介助の生徒は、修学旅行には保護者の同行は嫌だと話した。高校生にもなって親と修学旅行に行くことは普通ではないという主張に私自身も納得し、今では当たり前になった教師以外の介助員の修学旅行への同行を教育委員会や福祉関連部門に要望し実現した。引率の教員は修学旅行の前に車いすを持って階段を上り下りする練習をした。修学旅行では沖縄のガマに入る平和学習があったのだが、教師が背負っていけるところまで入った。こうした取り組みによって生徒が自立の道を見つけ、社会に出ていくことに立ち会うことができるのが、教職の魅力でもあった。そして、これらのことを経験することで強いチームワークが教職員集団のなかに生まれたのである。まさにチームとしての学校の本来的な姿といえよう。このように生徒とともに教師が成長していくのが学校なのではないだろうか。次に私が教師のときに取り組んだいくつかの支援の仕組み作りの事例を紹介する。

新たな支援の仕組み

二人の生徒からこんな訴えがあった。奨学金で進学することだけはしたくない。兄弟が奨学金で進学したが、家庭が経済的に苦しいため、奨学金をいつのまにか生活費の穴埋めに使ってしまった。授業料を払う時期になると家庭内でお金の工面がとても大変だったとのことであった。もう一人の生徒は、アルバイトで家計を支えているため、卒業後もそうした状況を続けなければならず、進学は難しいと話した。二人とも保育士を強く希望していた。

未来に希望がもてなければ、生徒の学校生活は荒んでいく。そこで、学校としてさまざまな支援を受けていた自治体に相談して保育プログラムという仕組みを作った。卒業後、自治体が運営する保育園にアルバイトとして入職する。高校卒業資格で保育士国家試験を受けるための勤務時間を確保するという仕組みである。もちろんアルバイトだから収入もある。こうして、二人は時間はかかったが、国家資格を取得し保育士として働くことができた。

生徒と一緒に高校卒業後にアルバイトで勤務することになった保育園に挨拶にいったとき、園長先生と話す嬉しそうな横顔が忘れられない。教師をしていると生徒が希望をもって人生の一歩を歩みだす瞬間に遭遇することがある。そうした生徒の姿に逆に教師は励まされるのである。その生徒は進路に展望がもてたことによって、高校生活にも前向きに取り組むようになった。進路に展望がもてなければ、学校生活や学習に前向きに取り組むことは難しい。

管理職と協力しながらスクールキャリアカウンセラーという仕組みを作った。高校生の進路は進学が主流で就職は少ないが、高校によっては就職が多い場合もある。家庭が経済的に困窮していると、就職が社会的な自立の第一歩となる。無理をして進学し、中退して苦しい生活に陥った生徒が何人もいた。しかし、教師は就職に関しては素人のケースがほとんどである。大学を卒業して教職に就く教師の多くは、そもそも高校生の民間就職について経験がない。また、大卒の仕組みと高卒の就職の仕組みは大きく違っているのだが、大学の教職課程で学んだとしても高卒の就職の仕組みについて深く理解している教師も少ない。担当でなければ、高卒就職の仕組みにあまり関心がないのかもしれない。

高卒就職は職業安定法の第二七条によってハローワークの職業紹介業務を学校がおこなえるし、インターネットを利用して高卒求人票を学校で閲覧し職業紹介をすることもできる。ハローワークや労働局と連携しているので、就職後、職場に問題があれば対応もしやすい。

しかし、私が勤務していた普通科は職業科（専門学科）に比較してそもそも職業的レリバンス（関連性）が極めて弱い。教師の状況と教育課程の在り方から、職業紹介をおこなえる専門職を雇用する仕組みを作ろうと考えたのである。雇用条件などの課題はなかなか解消できなかったが、管理職の協力もあって、就職の多い学校にスクールキャリアカウンセラーを配置するという事業になった。この仕組みによって、飛躍的に就職率も上がった。教師とスクールキャリアカウンセラーが協力しながら生徒の支援をするのは、まさにチームとしての学校の在り方であった。そして、スクールキャリアカウンセラーの方から多くの学びもあった。この仕組みが実現できたのは、教師を支えるサーバントリーダーシップを発揮できる管理職との出会いがあったからでもある。公立学校の教師に異動はつきものだが、異動によって理解ある管理職との出会いがあることも教職の魅力の一つであった。そして、教師が主体的に考えた企画を実現し、生徒の支援に役立った経験はとても達成感があった。こうした取り組みは、世間一般にはなかなか知られていないが、学校には形を変えながら存在し続けており、教師が仕事に充実感を感じる背景となっている。

外国につながる生徒との出会い

現在も外国につながる生徒の高校進学率は低い水準にあるが、確実に在籍数は増加している。日本学術会議（地域研究委員会多文化共生分科会）は「日本の中学校、高校の外国人在籍者数にもとづいて、その高校進学率を推定」し、「五〇％台から六〇％台へと上昇しているとはいえ、日本全体の高校進学率（約九九％——筆者註）に比べ、著しく低い」と報告している。また、現行の学習指導要領には特別な配慮を必要とする生徒への指導のなかに外国につながる生徒の指導についての解説がある。そこには、「これらの生徒の受入れに当たっては、一人一人の実態を的確に把握し」と記載されている。しかし、この実態の把握がなかなか難しいので、学校がその仕組みを考える必要がある。たとえば、入学時に、通称名・国籍・母語・学習経験・保護者の母語・家族間の言語などを把握し、生徒によっては日本語能力を確認するためのテストを実施するといった対応である。いわゆるアセスメントに近い取り組みである。もちろん、とくに問題なく学校生活が送れる場合もあるが、困難を発見することでさまざまな支援につなげることが可能となる。

多くの外国につながる生徒の支援にかかわったが、今でも連絡がくる生徒が二人いる。一人は、高卒で就職し一人暮らしを始めた。卒業後に自分の在留資格についての不安を私に話した。日本しか知らず、日本語しか話せない。強制送還になったら生きていけないと訴えた。もっともそう簡単に強制送還になることはないのだが、その不安も理解できた。また、もし結婚して子どもができたら家族で選挙に行くことが夢なので日本国籍を取りたいとも訴えた。その生徒とは、何回か無料の法律相談に行き、何年もかかったが、日本国籍を取得することができた。現在は結婚し、子どももできて幸せに暮らしている。その生徒は、私に出会っていなければどうなっていたかを考えるだけでも怖いと話してくれた。このように、教師との出会いで生徒の人生が大きく好転することがある。こうした幸福な人生を歩み出す生徒と出会うことで、私も生きることへの勇気と希望をもつことができた。教師とは生徒から教えられることがじつに多く、それが教師自身の人生にも反映される素晴らしい職業である。

また、あるとき担任からの相談があった。担任が生徒の困難を抱え込まずに他の教師に相談できる職場の在り方も大切である。担任はクラスの外国籍の生徒が留学をしたいのだが、その方法の相談に対応してほしいと話した。この相談を聞いたとき、日本の高校に在籍しているのだから、そもそも実質的な留学ではないかと考えながらまずは面談をした。その面談でわかったことは、家族全員が難民申請中で現在は仮放免となっていることであった。強制退去命令が出ているのでビザが取れる状況ではなかったのだが、在留資格がないので何とかして日本の留学ビザがほしいという訴えであったのである。

しかし、難民（申請中）の生徒についてはわからないことばかりだった。そこで、こうしたことに詳しい知人に相談し、難民支援をしている弁護士さんを紹介してもらった。さらに家族にかかわってきたソーシャルワーカーにもつながり、家族が置かれている苦境について知ることにもなった。とにかく知らないことばかりで、この支援を通して学ぶところが多かった。校内で支援の状況を見ていた教師が、前任校では知らないうちに行方不明になってしまった外国につながる生徒がいたが、同じような状況であったのかもしれないと話したことがあった。教師が誰かに相談せず、放置してしまえば、生徒が支援につながらない場合もある。教師の取り組み方次第では、生徒や保護者の人生そのものが変わってしまう。

結局、難民申請は受理されなかったが、弁護士さんのアドバイスもあり、入管に収容される前に自主帰国の道を選ぶこととなった。卒業までの数ヵ月、経済的にも最悪な状況だったが、支援団体の協力によって衣食住も何とかなり、高校の卒業資格も得ることができた。帰国後は、卒業資格を背景に仕事に就いている。高校を卒業したことが、その後の人生にプラスになった。現在は、正式に留学ビザを取得し、再入国したいと頑張っている。ご家族やこの生徒からは、日本にきた経緯を含めて、困難に負けずに人生を切り開いていくことの大切さを教えてもらった。

おわりに

このように、生徒との対話を通して支援の仕組みを作る取り組みをおこなった。この取り組みを支えてくれた管理職の存在も大きいが、自分で考えたことが実現し、生徒の支援につながったことにとてもやりがいを感じた。さらに支援を通して自分の生き方についても考えることができた。支援とは与えるものではなく受け取るものであるとの印象が強い。そして、学校以外の場で活躍する多くの支援者の方々と出会うことができた。こうした出会いを通してできた人間関係の広がりは私自身の人生を豊かなものにしてくれている。これも教師として支援の仕事をしてきたからである。教職は、外部に開いた素晴らしい仕事だともいえる。こうした教師の仕事の素晴らしさを多くの方に知っていただきたいと願っている。

◉引用文献

文部科学省「教員の地位に関する勧告（仮訳）」https://www.mext.go.jp/unesco/009/004/009.pdf

文部科学省「高等学校学習指導要領（平成三〇年告示）総則編・解説」https://www.mext.go.jp/content/20211102-mxt_kyoiku02-100002620_1.pdf

日本学術会議（地域研究委員会多文化共生分科会）「外国人の子どもの教育を受ける権利と修学の保障」（二〇二〇年）https://www.scj.go.jp/ja/info/kohyo/pdf/kohyo-24-t289-4.pdf

第四章◉自己実現のための生徒支援と授業

原　えりか

「生徒の自己実現にかかわる」というやりがい

やりがいは「遣り甲斐」であり、辞書には「そのことをするだけの価値とそれにともなう気持ちの張り」（『大辞泉』）とある。教師になったとき、「やりがい（＝授業や生徒指導をするだけの価値）があるか」という視点で仕事をすると、目の前の生徒に即時的な見返りを求めてしまいかねないので注意が必要だ。仕事にやりがいを感じたいという人は多いだろう。しかし、やりがいを得ること自体が目的や指標となるものではなく、目標や信念に基づき仕事をするなかで生まれる副産物であると私は考えている。

とくに教師の仕事はすぐに結果があらわれるものではない。また、結果を一概に数値化できるものではない。生徒との時間を積み重ね、卒業までの長期的視点で支援・指導していく。「あのとき先生が言っていたことが数年経った今も思い出される」なんてこともあるだろう。声をかけても授業に参加しない生徒、時間をかけて特別指導をしても間違いを繰り返す生徒もいるが、そんな状況に直面したとき「何かができない生徒がいるから、教師が必要である」と自分が教師になった理由を思い返してきた。

もちろん目の前の生徒が応えてくれることもやりがいを感じる一つである。たとえば、最初はかたくなだった生徒が今日は笑顔を見せた、「全然わからない！」と言っていた生徒が声かけによって取り組むようになったなど、日々小さなやりがいを感じられるのがこの職業である。彼らが即時的に応えてくれなかったとしても、やりがいがない、「そのことをするだけの価値がない」ということにはならないということだ。

私の教師としての目標は生徒の自己実現である。生徒がよりよい自分になれる、自分の人生を歩めるということだ。それは家庭環境やもって生まれた身体や性、国などにかかわらず、自分の人生を可能な限り自分で選び、そのために行動できるということ。それを目指すなかで、やりがいを感じられることがある。

初めて担任をした生徒に、中途退学した生徒がいた。朝起きれずに遅刻や欠席がかさみ、進級できず、退学を決めた。授業に身が入らず、喫煙行為での特別指導も重なっていた生徒で、「学校に通う気持ちになれない」と言ってアルバイトに専念することになった。生活リズムが乱れていて、無気力状態も見られたため担任としては心配であった。退学後も節目節目で連絡をとり、三年が経過した頃、私自身が定時制高校に赴任したことをきっかけに「定時制いいよ。高卒資格があった方が就職しやすいのでは」と声をかけた。

ちょうど彼も正規雇用になるために高卒資格の必要性を感じていた頃で、定時制に再入学を決めた。通いやすさから私の勤務していた定時制ではなく近くの定時制高校に入学した。入学後も連絡したり、担任が偶然私の元同僚だったため教員同士で情報交換をしたりしていた。働きながらの通学ということ、以前の学校生活への取り組みなどから、続かないかもしれないと思っていたが、彼は進んで校外単位を修得し、定時制では最短の三年間で卒業した。卒業式の直後に彼が担任を介して私の職場に電話をかけ、感謝の言葉とともに卒業と就職の報告をしてくれた。このときが「教師をやっていてよかった」とこれまでで一番深く感じた瞬間であった。

高校卒業は単にゴールではなく、卒業にあたってどんな経験をしたかが大切で、中途退学せず卒業すればよいというわけではない。前記の生徒が自分の意志で再入学を選択し、卒業できたのは、中途退学という経験があったからだ。また、高校を卒業せずとも活躍している人もいることから学校以外の場で自己実現することも可能であり、高卒が必ずしも目指すべき形というわけではない。

一方、一般的な就職ということになると高卒の壁は非常に高い。中卒のために求人条件で弾かれ、思うような就職先を見つけられず、「就職したいから」と定時制に再入学する生徒がいる。高校に入学せず、高校卒業程度認定試験（以下「高認」）を受けるという手もあるが、これは大学等の受験を可能にするもので、高認に合格しただけでは学歴は中卒のままである（高認の合格を高卒と同等とみなす企業もある）。大学等に進まず就職したいということになると、やはり高校は必要となる。

高校卒業の重みを意識し学校でできることを模索すること、なおかつ学校以外の居場所や連携先を提示して生徒の実情にあった進路を考えることが、生徒の自己実現のためには必要で、そのなかで教師としてのやりがいも感じられるのではないだろうか。

「授業で新たな学びがある」というやりがい

授業を通して、毎年新たな学びがあることもやりがいを感じる一つだ。言語文化（国語）の授業で『伊勢物語』の「東下り」を扱った。『伊勢物語』は歌物語で、「東下り」には望郷の念を詠んだ歌が多いのだが、急に富士の嶺の様子を詠んだ和歌が登場する。教員用指導書などでは「富士山を見た驚きが表れている」などと書かれ、私もこれまで望郷の念というより「紀行文的要素の強い和歌」と紹介してきた。

しかし、今年の生徒からは「富士山の嶺に積もる雪のように時が過ぎても変わらないもの（妻の自分への思い）を望んでいるのでは」「冬を過ぎても雪を積もらせる富士の山と、都から遠く離れても妻への思いを募らせる自分を重ねている」という、富士の嶺の歌にも望郷の念が込められているという意見があった。職員室で共有すると「おもしろいね」「おおーいいね」など盛り上がる。こんなとき、自分は教師なのだと感じる。毎年違う生徒とともに学ぶことで同じ教材でも新しい発見があるのが面白い。

教材が変わるたびに、一つのテーマについて学び直すこともできる。たとえば、現代の国語の教科書に共生社会に関する章があり、障害当事者研究をおこなう熊谷晋一郎の体験から「自立」について考える評論と、若年性アルツハイマー型認知症の丹野智文の言葉から「能力とは何か」を考える評論の二つを読み比べた。授業では「障害」「障がい」という表記の違いや、「社会モデル」「医療モデル」という考え方などにも触れた。生徒からは「世の中のほとんどが健常者向けに形成されているから、障害者は自立ができていないように見えるだけで、健常者の方が選択肢の多い分、たくさんのものに依存している」「依存は他の人に頼っていること、自立がその対極であり、『誰にも頼らないこと』だとしたら自立をできている人なんていない」という主旨の意見が出た。定時制で働き、生徒の抱える困難は家庭だけのものなのかと考えていた私は、いつか共生社会について、これから社会に出ていく生徒と考えたいと思っていた。時代によって教材のバリエーションにも変化があり、今まで扱ったことのないテーマを、これからを生きる人（生徒）と深められるのは教師としての学びであり、やりがいを感じるところである。

授業のやりがいは失われていないか

前記で述べた「言語文化」「現代の国語」は新学習指導要領で定められた国語の新設科目なので、科目名に馴染みがない人も多いだろう。新学習指導要領は二〇二二年入学生から適用され、二〇二四年からは全生徒が対象となった。新学習指導要領における国語の改編について、名古屋外国語大学の村上慎一は著書『国語教育が危ない！』で、現在、我が国の読解力のための教育は「PISA型読解力の育成に舵をきってしまっている」「PISAの『読解力』と教科『国語』の読解力を、同列に考えることはできない」と警鐘を鳴らしている。

これは「現代の国語」という科目をみるとよくわかる。文科省担当者による資料「新学習指導要領の改訂のポイントと学習評価（高等学校 国語科）」では「実社会における国語による諸活動に必要な資質・能力を育成する科目」と位置づけられ、実用的文章を中心に扱うことになっている。それを受けて作られた教科書の学習活動の例には、グラフや図の読み取り、企画書やフローチャートの作成などが並んでおり、まさにPISAが読解力として測定する「① 情報を探し出す ② 理解する ③ 評価し、熟考する」能力の育成だ。

国語科自体の目標はどうなっているのかというと「生涯にわたる社会生活に必要な国語…」「生涯にわたる社会生活における他者との…」など、「社会生活」という前置きが追加・強調されている。「新学習指導要領の改訂のポイントと学習評価（高等学校 国語科）」では「教材を教える授業」ではなく「教材で資質・能力を身につけさせる授業」への転換も示され、これからの社会で生きるために何ができるようになるかを重視すること、教材はそのためのツールであると考えているのがわかる。

「教材を教える授業」の弊害とは以下のようなことだろう。たとえば、授業が「『羅生門』のあらすじを追う」「芥川龍之介の生涯を知る」ということに終始したとする。その知識理解が社会に出て何の役に立つのか。『羅生門』の下人の心情がわかる、だから何なのか。文学ばかりやって現代では大学に進んでも論文が読めない、社会人になっても雇用契約書や法令を読めないという状況は危機的で、実用的文章の比重を拡大して情報理解能力・伝達能力を育成しよう、ということだ。

情報理解能力・伝達能力の育成が社会的要請であることは事実だが、先の村上は、ＰＩＳＡは経済発展していくために活用できる知識や技能をどの程度身につけているかを見るためのものであり、教育は経済発展のためだけにおこなわれてよいのかと疑問を呈している。社会で活用できる能力の育成のために何ができるようになったかという指標で授業をすることについて、現場でも考える必要がある。

「現代の国語」の授業でこんなことがあった。新学習指導要領に基づき、「文章構造を理解する」「筆者の主張を読みとり、要約する」などの単元目標を設定して進めるなか、生徒がぼそっと「読んでどう思ったか、そういうのがいいな」と言うのが聞こえた。自分の授業について考えるきっかけになった。

「文章の構造を意識して読解できた」「筆者の主張を文中から読み取れるようになった」という「できる」も大切なのだが、その先にある「自分の考え」を育てる時間が減少していないか。また、社会生活で活用できる能力の育成という枠組みから発する授業には「できる」の根源である、学びの主体性が失われるという側面があるのではないか。「社会に出たらこんな能力が必要とされるから」というのは学習者の内的動機づけではない。学びの出発点は興味関心、問題意識、疑問だ。そうした内的動機づけを生むのは「評論を通してどんな社会問題、ものの見方に触れたか」「文学を通してどんな人間の在り方に触れたか」など「能力」というよりは「何に触れ、何を感じたか」である。興味関心があるから、主体的に文章を読み、考え、自分の意見を形成する。その過程で読解能力が身についていく。「何を読むか」ということは非常に重要なのではないか。

新学習指導要領が実施されて三年が経ち、このように各教科検討するべき点があるのではないだろうか。教師のやりがいを教科指導に見出す人は多いはずだ。時代の変化によって教師の仕事は変化するかもしれない。教師チョーク・アンド・トークで知識を教授するだけではなく、より効果的な単元計画や学習活動を考えるコーディネーター、学習活動の状況に応じて舵きりしたり生徒に働きかけたりするファシリテーター的役割を果たすことが増えた。体罰・ハラスメント防止研修では「教師も感覚を令和にアップデートして」という言葉を聞くこともあるが、授業や感覚がアップデートされていくなかでも、教師が何にやりがいを感じるかはそれぞれだろう。やりがいを感じられなくなったとき、そこには必ず教育的課題がある。教師は自らのやりがいが失われていないか、やりがいを守るという意味でも、教育の動向を注視していく必要がある。

やりがいを守るために

教師のやりがいを阻害するものとしてあげておかなくてはならないのが多忙化だ。時間がないから去年と同じプリントになってしまった。本当はもっとこんな学習活動をしたかったが、準備の時間がなかった。他の先生の授業を見に行きたかったけれど自分の授業が目一杯入っていて余裕がなかった。生徒と話す余裕がなかったなど、多忙化が生徒対応や授業から派生する教師のやりがいを奪っているのは明白である。

勤務時間の約半分は、予定されている①授業②ＨＲ（ホームルーム）③定例会議で埋まっている。④生徒対応、校務、部活、授業準備、課題評価、成績処理等を残りの時間でおこなうのだが、勤務時間内にすべてを済ませるのは不可能だ。①に関しては、実技や実習の授業であれば準備・片づけの時間がもっと必要であるし、近年は育休や療休の人手不足により、そもそもの個人の持ち授業時間数が増加しているという問題もある。③に関しては、業者や他機関とかかわっている教員は打合せ時間が他の職員よりさらに長いなど、「勤務時間の約半分」という程度では済まない。やっと座って④の仕事ができるのは勤務時間の終了間際という日もあるのだ。教員の業務内容の精選（仕事を減らす）と、教員定数の改善（人を増やす）は教師のやりがいを守り、教員志望者を増やす、生徒に質の高い教育を届けるために必ず解決しなければならない課題である。

◉引用文献

村上慎一・伊藤氏貴（二〇二四）『現場から考える　国語教育が危ない！「実用重視」と「読解力」』岩波書店（岩波ブックレット）

大滝一登（文部科学省初等中等教育局視学官）「新学習指導要領の改訂のポイントと学習評価（高等学校 国語科）」https://www.nits.go.jp/materials/youryou/files/071_001.pdf

第五章◉「やりがい」を高める処方箋

天野一哉

「やりがい」と「やらされ感」

――労働なくしては、人生はことごとく腐ってしまう。だが、魂なき労働は、人生を窒息死させてしまう――

これは、『異邦人』『ペスト』で知られるフランスのノーベル賞作家アルベール・カミュの言葉である。[1]「魂なき労働」とは、やりがいのない仕事ということであろう。近ごろは「やらされ感」や「やりがい搾取」なる言葉が流布している。古くはヘーゲルやマルクスの「疎外（自己否定、人間性の喪失）」という概念がある。ハーバーマスの「戦略的行為（権力や貨幣などの力による行為）」[2]もこれらの類いであろう。二一世紀の現在も、一八世紀、一九世紀、二〇世紀の「近代の矛盾」が意匠を変えて残存している。

我々大学教員は、多くの優秀な事務職員に支えられているからこそ、教育と研究に集中することができる。先進的な諸外国では大学だけではなく小中高校等の教員も同様である。では日本の小中高校等の教員はどうか。

ＯＥＣＤ（経済協力開発機構）の国際教員指導環境調査（ＴＡＬＩＳ）二〇一八報告書[3]によれば、日本の教員がもっともストレスを感じていることは、「事務的な業務が多すぎること」で五二・五％であった。ＯＥＣＤ平均は四六・一五％。同調査による実際の労働時間（一週間ベース）を見ると、「一般的な事務業務」について、Ｏ

ECD平均が二・七時間に対して日本は五・六時間と倍以上である。ちなみにフィンランドは一・一時間だった。そもそも「仕事時間の合計」が、OECD平均が三八・八時間に対して日本は五六・〇時間と二〇時間近く多い。日本の教員の労働時間が長いことは以前から指摘されていたが、部活動の指導とともに、その主たる要因がこの事務時間であり、かつそれがストレス、言い換えれば「やらされ感」の元凶となっている。

一方、教員の「やりがい」は、どうか。ジブラルタ生命[4]がおこなった調査（複数回答）によると一位が「児童・生徒の成長が感じられたとき」の七九・四％、二位が「児童・生徒の笑顔をみたとき」の五二・八％、三位が「児童・生徒と感動を分かち合えたとき」の四五・八％と上位はすべて「児童・生徒との関わり」であった。

これに関連して先のTALISのデータをもう一つ。「指導（授業）」について、OECD平均が二〇・六時間に対して日本は一八・〇時間。「仕事時間の合計」が大幅に多いにもかかわらず、である。OECD各国は労働時間の半分以上が「指導（授業）」に充てられているのに、日本は三分の一以下である。これは文字どおり「やりがい搾取」の名に値する。

これらのデータから、自ずと「やりがい」を高める処方箋が見えてくるはずだ。ところが二〇二四年の中教審答申で「学びの専門職である教師の「働きやすさ」と「働きがい」の両立に向けた環境整備に取り組んでいく」としているにもかかわらず、出てきた施策は「サブスク残業代」の微々たる増加であった。

ここで「やりがい」を高める処方箋を端的に示そう。

①　教員の「一般的な事務業務」をOECD平均並に削減する

②　右を実現するために学校職員を増員する

である。もちろん、そのほかにもさまざまな方策はあるが、これがもっとも単純明快、しかも根本的な対策である。以下、いくつかのデータで補足しよう。

TALISではOECD各国の学校職員配置率（教員一人あたりの学校職員の配置人数）も示している。イギリス一・〇九、カナダ〇・八七、アメリカ〇・六二、ニュージーランド〇・五二、韓国〇・五〇、フランス〇・四四、オーストラリア〇・四五、フィンランド〇・二五、そして日本はというと〇・一三である。これは、イギリスでは教員と同数以上の事務職員、韓国で教員二人あたり一人の事務職員、フィンランドでも教員四人あたり一人の事務職員が配置されているということである。それに対して日本はほぼ教員一〇人に一人の事務職員しかいないということになる。事実「公立義務教育諸学校の学級編制及び教職員定数の標準に関する法律」において職員定数は、四学級以上の学校に一人、小学校は二七学級（一学年あたり四・五学級）以上で一人加配、中学校は二一学級（一学年あたり七学級）以上で一人加配となる。この基準では、教員一〇人に一人の事務職員どころか教員三〇人に一人の事務職員という場合もありうる。ただ地方自治体による加配があるので、地域によって異なるが、実質は多少まし、というところであろう。これはOECD各国と比較して、格差というより欠陥としかいいようがない。この国の学校職員数は先進国のレベルにはなく発展途上国並なのである。

右の法令の改正とそれに見合った予算の支出をすれば、この状況はいますぐにでも改善できる。要は立法と行政の「やる気」次第である。ところが「使い放題残業代」の増額でお茶を濁している始末である。この障壁になっているのは、もちろん財政である。

毎年、テレビ、新聞でも報道されているように日本の公的支出における教育費が占める割合はOECD各国のなかで長年にわたりブービー賞界隈をうろついている。二〇二四年はOECD平均一二%に対して日本は八%で、三六ヵ国中ワースト三位の三四位、下は財政危機のギリシャとイタリアのみである。[5]

これに対して財務省は「日本の公財政教育支出の対GDP比は、OECD諸国の中で低いとの指摘があるが、日本は人口全体に占める在学者数の割合も、OECD諸国の中で低い」「教育は子ども一人一人に対する者《（ママ）》であるという観点から、在学者一人に対し、どの程度の公財政教育支出を行っているかで見ると、日本はOECD諸国平均と遜色ない水準」[6]と言っている。確かに、「在学者一人当たりの国民一人当たりGDP比」は三六ヵ国中二二位、ＯＥＣＤ平均が二二・七％に対して日本は二二・二％で、平均に近い。これで「なるほど」と思う人がいたとしたら情報リテラシー教育の失敗と言わざるを得ない。上の財務省の見解を通訳すると、「教育費の公的支出は「下の下」だが、子ども一人当たりだと「中の下」だから、まぁ、いいでしょ」ということになる。もし、ＰＩＳＡの成績がこのレベルなら、二昔前の〝ＰＩＳＡショック〟どころか〝ＰＩＳＡクライシス〟と呼ばれ大騒ぎになる。

また、財務省は、これに続いて「日本では私費負担が高く、公財政教育支出が小さいとの指摘もある。」「ＯＥＣＤ諸国を見ると、公財政教育支出が大きい国は、租税負担も大きい傾向」と述べている。これも訳すと「この程度の税金だから、この程度の教育なのだ」ということになる。岸田内閣において二〇二三年から二七年の五年間で防衛費を四三兆円（年平均八・六兆円、それ以前の一・五倍以上）支出すると決まったが、財務官僚は岸田首相に「この程度の税金だから、この程度の防衛費です」と言って抵抗したのだろうか。これまで一〇位前後であった防衛費は、ロシアやイギリスを抜き、アメリカ、中国に次ぐ世界三位になると予想される。「上の上」である。財務省の先の見解は明らかに「ダブルスタンダード」の言い訳である。

行き着くところ、教員の「やりがい」「やらされ感」の問題は、行政、財政、つまり政治の問題である。では次に教員と政治の問題を見ていこう。

教員と主権者教育

我々がこの国の主権者になったのは、わずか八〇年ほど前である。それ以前の主権者は天皇であった。筆者は、戦後の日本国憲法施政下、それも高度成長期に生まれたが「主権者教育」を受けたという実感はあまりない。この節では「主権者教育」の概要と問題点を中心に、それが教員の「やりがい」とどうかかわっているのかを述べたい。

現在の「主権者教育」が実施されるようになったのは、二〇一五年に公職選挙法が改正され選挙権年齢が満一八歳以上に引き下げられたのが契機である。ただ、それ以前から教育基本法第一四条（政治教育）「良識ある公民として必要な政治的教養は、教育上尊重されなければならない」と記されてはいた。しかし同条二項において「法律に定める学校は、特定の政党を支持し、又はこれに反対するための政治教育その他政治的活動をしてはならない」との記述や有形無形の圧力により、学校教育での「主権者教育」あるいは政治教育は、一般的に〝萎縮〟していたと言わざるを得ない。この問題は後述する。

選挙権年齢（成人年齢）の引き下げにより、選挙を所管する総務省とともに文部科学省も動き出した。第Ⅰ部第五章一節で触れた二〇一六年の中教審答申において「主権者教育で育成を目指す資質・能力」として以下の三点があげられている。

①「知識・技能」
現実社会の諸課題（政治、経済、法など）に関する現状や制度及び概念についての理解。調査や諸資料から情報を効果的に調べまとめる技能。

②「思考力・判断力・表現力」
現実社会の諸課題について、事実を基に多面的・多角的に考察し、公正に判断する力。現実社会の諸課題の解決に向けて、協働的に追究し根拠をもって主張するなどして合意を形成する力。

③「学びに向かう力・人間性等」
自立した主体として、よりよい社会の実現を視野に国家・社会の形成に主体的に参画しようとする力。

この章でも教育の目的に着目したい。教育基本法第一四条には「良識ある公民として必要」だからということであるが、なぜ必要なのかは書かれていない。それは第Ⅰ部第五章一節の註で示した同法第一条「平和で民主的な国家及び社会の形成者」と「良識ある公民」がイコールで結ばれるなら「政治教育」の目的は「平和で民主的な国家及び社会の形成」ということになる。また先の中教審答申では「よりよい社会の実現を視野に国家・社会の形成」という似たような文言が出てきているが「平和で民主的」という言葉は見えない。現在の「主権者教育」の問題点は、このこととも大きく関係している。

端的に言うと、現在の「主権者教育」の問題点は、「政治的中立性」に関する政府の姿勢にある。

ここで一つ確認しておこう。政府による権力の不当な行使（自然権の侵害）に対して人民は政府に抵抗し（Resist）、それを変更または廃止（Alter or Abolish）する権利がある。ジョン・ロックの抵抗権（革命権）[7]である。これはアメリカ独立革命やフランス革命の一八世紀も二一世紀の現在も民主主義と人権の根幹である。権力監視の要諦である。もちろん、革命は、現代社会では暴力革命ではなく民主的手続きによる政権交代を意味し、抵抗は、言論による批判や平和的な示威行為を指す。

次に、総務省と文部科学省による教員向け「主権者教育」のパンフレット[8]を見ていこう。その「指導上の政治的中立の確保等に関する留意点」の章で、先にあげた教育基本法第一四条（政治教育）の第一項について、「規定の趣旨」として次のように説明している。

「民主主義社会においては政治に関するさまざまな知識やこれに対する批判力などの政治的教養が必要」。また第二項については、「『公の性質』を有する学校においては、その政治的中立性を確保するため、教育内容に一党一派の政治的な主義・主張が持ち込まれたり、学校が政治的活動の舞台となるようなことは厳に避けなくてはならない」。さらに「教育公務員の政治的行為の制限」として、人事院規則一四–七では、「1 政治的目的をもって、2 政治的行為をすることが禁じられており」その政治的目的に「特定の内閣を支持し又はこれに反対すること」と書かれている。

これらは一見、適切に思われるのだが、条文の「特定の政党」やパンフレットの「一党一派」は、政権をもつ与党と、政権をもたない野党を同列に扱っているところに大きな問題がある。政府与党、政権与党というように、行政府の長である内閣総理大臣を出し、立法府の国会で多数を占める与党とは、実質的に政府と同義とみなすべきである。つまり、抵抗権としての正当な政府（政権）批判が「特定の政党」への「反対」とみなされてしまう危険がある、ということである。しかも人事院規則には政党だけではなく内閣への反対も禁じている。内閣は政府そのものである。かくして今も昔も、学校現場での「政治教育」や「主権者教育」は〝萎縮〟し、若者の政治への無関心がはびこり、「平和で民主的な国家及び社会の形成」が阻害されている。もちろん、授業等において児童生徒を特定政党、特定の主義主張に煽動することを肯定しているわけではない。政府批判、政策批判に対する威圧、介入が問題なのである。

教育における「政治的中立性」が「政府批判の防波堤」の役割を果たし、あるいは「政府擁護の隠れ蓑」になっている。「主権者教育」では、「政治的中立性」の前に、抵抗権（革命権）や「政府を批判すること」「政府を監視すること」の重要性こそを教えなければならない。

適正な主権者教育を実施するためにも、教員の「やりがい」を高めるためにも、偏狭な「政治的中立」の呪縛から教育、教員を解き放ち、正当な「抵抗権」を行使しうる状況に変えなければならない。

結びにかえて

筆者はアクティブ・ラーニングの一形態であるプロジェクト学習の調査のため、アメリカ合衆国のいくつかの州と北欧のデンマーク、アジアの韓国、台湾、香港、マカオ、シンガポール、中国を訪問した。そこで各国の教員に「教育の目的」と「学習の基礎基本」を聞くことをルーティン・ワークとしていた。アメリカとデンマークの教員の多くは「教育の目的」を「民主主義の担い手を育てること」と答え、「学習の基礎基本」に、そのための「クリティカル・シンキング（批判的思考）」をあげていた。韓国、台湾、香港の教員も同様に答える人もいたが少数であった。シンガポールと中国に関してはそのように話す人は皆無だった。シンガポールや中国では教員による政府への批判は許されない。ちなみに北朝鮮も同様である。日本の教員はどうだろう。「米百俵の精神で教育費の公的支出を増やすべき」と教員が発言したら、特定政党、内閣に反対しているとみなされ「政治的中立性」に反すると非難される日本である。読者諸氏には、このことを考えていただきたい。

そして、自身は、何のために「教育」するのか、その「やりがい」を問い続けてもらいたい。

◉註

（1）電子版 *L'Express*（レクスプレス）2023.7.30 日付 Marylin Maeso による 記事 Albert Camus à L'Express : la passion de l'engagement（レクスプレスのアルベール・カミュ：献身の情熱）および Linkedin（米国のビジネス SNS）の Olivier Petit による Le métier d'homme（人間の仕事）に関する記事と 1955.5.14 の紙面

（2）ユルゲン・ハーバーマス（一九八五）『コミュニケイション的行為の理論（上中下）』（河上倫逸・平井俊彦訳）未来社。「戦略的行為」と対をなす概念が「コミュケーション的行為」で、「真理性、規範の正当性、主観の誠実性」に基づく「自由な意思表明と自由な承認の行為」を意味する。

（3）文部科学省「TALIS（Teaching and Learning International Survey）」
https://www.mext.go.jp/b_menu/toukei/data/Others/1349189.htm

（4）ジブラルタ生命保険株式会社「教員の意識に関する調査 2022」対象二〇歳～六九歳の教員（小学校・中学校・高等学校・特別支援学校）二〇〇〇名（男性一〇〇〇名、女性一〇〇〇名）
https://www.gib-life.co.jp/st/about/is_pdf/20220808.pdf

（5）文部科学省「図表でみる教育（Education at a Glance）ＯＥＣＤインディケータ」
https://www.mext.go.jp/b_menu/toukei/002/index01.htm

（6）財務省「文教・科学技術（参考資料）」二〇二三年一〇月一一日。ＯＥＣＤのデータは二〇二〇年。「在学者一人に対し、どの程度の公財政教育支出を行っているかで見ると、日本はＯＥＣＤ諸国平均と遜色ない水準。」の記述は原文では太字にされている。
https://www.mof.go.jp/about_mof/councils/fiscal_system_council/sub-of_fiscal_system/proceedings/material/zaiseia20231011/03.pdf

（7）ジョン・ロック（二〇一〇）『統治二論』（加藤節訳）岩波文庫

（8）総務省・文部科学省（二〇一五）「私たちが拓く日本の未来　有権者として求められる力を身に付けるために」活用のための指導資料
https://www.soumu.go.jp/main_content/000378818.pdf

おわりに

本書は当初から「やりがい」論を目指していたわけではなかった。教育の在り方を探究していこうと考え、執筆者が集まって議論するなかで「やりがい」がキーワードになっていった。教師のことがいろいろいわれているが、その言葉どおりだと教師を志望する人などいなくなるはずだ。しかし、教師を目指す人はきっと心のどこかに「やりがい」を求めているのだろうし、現役の教師もどこかに「やりがい」を感じているはずだ。その「やりがい」を明らかにする必要があった。

この本を執筆中にある大学に呼ばれて授業をした。教育学の授業だったが、学生の多くは教職を目指しているわけではない。教師の現状について否定的なことがいわれているので、授業では教師の待遇と「やりがい」について語った。驚いたのは、その後の学生の感想である。一二〇人ほどの学生のほぼ全員が教師という職業に魅力を感じていなくて、世間でいわれるような認識であった。労働条件が最悪な教師に「やりがい」なんてあるのかという疑問もあった。しかし、授業を聞いて少し考えが変わったというのである。それほど、教師という仕事を否定的に見ているなら、教師を志望する人も減るわけだと妙に納得した。

この経験は本書を書くさらなる原動力になった。少なくとも教師の「やりがい」を伝えなければという思いである。

本書は三部構成になっている。第Ⅱ部に座談会を設定したのは意味がある。まず、各執筆者それぞれが自身の経験と問題意識に沿って自由に執筆する。次に各執筆者は他の方の文章を読み、議論する。持論だけではなく他者の意見に耳を傾けることは大切である。これはいわゆる「正—反—合」の弁証法的なプロセスである。自分の意見（正）が違う意見（反）と交わることで、新しい発見が出てくる（合）。第Ⅱ部の座談会を通して、第Ⅲ部に繋げていくという目論見である。

現在、対話や議論の重要性が求められている。自説だけでなく、他者の意見に耳を傾けたい。それは身近なことから世界的な規模での話でもある。

今回は高校教師が中心になったが、執筆過程で思ったのは、高校だけではなく小学校や中学校、さらに特別支援学校の教師にも「やりがい」論議をしてもらう必要性だ。それは今後に任せるとして、元高校教師だった者として、これだけは言っておきたい。高校はいわゆる進学校から教育困難校、定時制高校もあれば通信制高校もあり、その守備範囲は広い。勉強に身が入らず、生活指導も大変な学校は、教師にとってもしんどい。それでも生徒を支えようとするのは、この生徒たちを学校の外に放り出したら、社会に少なからず負の影響を与えるかもしれない、それなら学校で抱え込んで何とかしようとする志ゆえだ。

一方、働き方改革ということで、現場では生徒とのかかわりなどを忌避する傾向もあるという。また、教材研究に時間をかけないという事態も出てきている。生徒指導と教科指導は二本の柱である。その柱を揺るがす表面だけの働き方改革ではいけない。これらをしっかり保証する働き方改革であるべきである。

最後になりますが、小鳥遊書房の高梨治さんにはお世話になりました。時代を読み、的確なアドバイスをしていただきました。この場を借りてお礼を申し上げます。

二月　春を待ちつつ

手島　純

◉金澤　信之（かなざわ　のぶゆき）

東洋大学非常勤講師、星槎大学特任講師として教職関連科目や教育実習の個別指導等を担当している。公立高校の国語科教員として37年間勤務した。外部人材・資源を活用した高校における新たなキャリア支援のシステムを作り、複数の困難を有する生徒の支援をおこなった。また、学校図書館内における校内居場所カフェ設置にも尽力した。困難を有する若者への支援についての講演多数。2018年まで、横浜市子ども若者支援協議会委員、横浜市子ども子育て会議臨時委員、かながわ子どもの貧困対策会議委員。現在、横浜市立定時制高校学校運営協議会委員。

◉原　えりか（はら　えりか）

公立高校教員。1987年生まれ。2010年大学卒業、神奈川県の国語科教員となる。
2010年、全日制高校（生徒指導案件が多かった）
2015年、夜間定時制高校（当初はやんちゃな生徒、後半は外国につながる生徒や不登校生徒が多かった）
2020年、全日制高校（不登校生徒が多い）
教員16年目となる。2020年より神奈川県高等学校教育会館教育研究所員。

【編著者】

◉**手島　純**（てしま　じゅん）

星槎大学教授。公立高校社会科教員として、通信制高校・定時制高校・全日制高校で35年間勤務する。その後、大学兼任講師を歴任し、2017年4月から星槎大学で教職関連科目や社会科系科目を担当。著書に『これが通信制高校だ』（北斗出版）、『格差社会にゆれる定時制高校』（彩流社）、『高校教師が語る　16歳からの哲学』（2014年、彩流社：台湾・中国で翻訳出版）等、編著書に『通信制高校のすべて』（彩流社）、『社会科・地歴科・公民科指導法』（星槎大学出版会）等がある。日本通信教育学会（理事）等に所属している。

【執筆者】（五十音順）

◉**天野　一哉**（あまの　かずなり）

京都市生まれ。高校中退後、早稲田大学第一文学部史学科卒業。中国中央戯劇学院留学。京都大学高等教育研究開発推進センターMOSTフェロー（第二期）。フリーライターを経て、現在、星槎大学教授、法政大学キャリアデザイン学部兼任講師。
主な著作、『子供が「個立」できる学校―― 日米チャータースクールの挑戦・最新事情』（KADOKAWA）、『中国はなぜ「学力世界一」になれたのか――格差社会の超エリート教育事情』（中央公論新社）。その他、『世界』『中央公論』『AERA』『週刊金曜日』、学術誌等に記事、論文を執筆。

◉**井上　恭宏**（いのうえ　やすひろ）

1987年より神奈川県立高校教員として、全日制高校、通信制高校、昼間定時制高校に勤務する。日本通信教育学会会員、國學院大學兼任講師、神奈川県高等学校教育会館教育研究所特別研究員。
共著に『社会科・地歴科・公民科指導法』（星槎大学出版会）がある。「〈一人ひとりの学び〉を支えるおせっかいな多文化主義――通信制高校での外国につながる生徒とのとりくみ」『部落解放　増刊号732号』（解放出版社）など、通信制高校にかかわる報告が多数ある。

教師《きょうし》の「やりがい」とは何《なに》か

キーワードで見《み》える教育《きょういく》の理想《りそう》と現実《げんじつ》

2025年4月18日　第1刷発行

【編著者】
手島純

発行者：高梨 治
発行所：株式会社**小鳥遊《たかなし》書房**
〒102-0071　東京都千代田区富士見1-7-6-5F
電話03 (6265) 4910（代表）／FAX　03 (6265) 4902
https://www.tkns-shobou.co.jp
info@tkns-shobou.co.jp

装幀：鳴田小夜子（KOGUMA OFFICE）
印刷：モリモト印刷株式会社
製本：株式会社村上製本所

ISBN978-4-86780-074-4　C0037